AF547249

Soziale Arbeit in Forschung und Praxis, Band 1

socialnet Verlag

Über dieses Buch

Die Qualität Sozialer Arbeit steht auf dem Prüfstand. Im Spiegel des allgemeinen Trends hin zu einer fortschreitenden Ökonomisierung und Dienstleistungsorientierung stellt sich die Frage nach den Kriterien, an denen der "Erfolg" beruflich-sozialer Praxis zu bemessen ist, mit neuer Dringlichkeit.

Im Mittelpunkt der vorliegenden Arbeit stehen die subjektiven Erfahrungs- und Interpretationsmuster, auf die die Mitarbeiterinnen und Mitarbeiter sozialer Dienste und Einrichtungen zurückgreifen, um gelingendes berufliches Handeln in der Sozialen Arbeit zu vermessen. Im Rahmen einer qualitativen Studie (Leitfaden-Interview) wurden insgesamt 30 Praktikerinnen und Praktiker aus unterschiedlichen Handlungsfeldern der Sozialen Arbeit nach ihren subjektiven Erfolgskriterien und -erfahrungen befragt.

Die Forschungsbefunde liefern eine bunte und differenzierte Übersicht über die produkt-, prozess- und strukturbezogenen Dimensionen des Erfolgserlebens der Befragten und markieren auf diese Weise zentrale Anknüpfungspunkte für weiterführende Konzepte der Qualitätsentwicklung in der Sozialen Arbeit.

Die Autoren

Prof. Dr. Norbert Herriger, Pädagoge und Soziologe, Professor für Soziologie (Soziologie sozialer Probleme; Theorie der Sozialen Arbeit; Empowerment) am Fachbereich Sozialarbeit der Fachhochschule Düsseldorf. Verantwortlich für das Internetportal `www.empowerment.de`

Prof. Dr. Harro Dietrich Kähler, Professor für Soziologie am Fachbereich Sozialarbeit der Fachhochschule Düsseldorf `www.wohlfahrtsverbaende.de/kaehler`, Mitbegründer und Mitgesellschafter des Internetportals `www.socialnet.de` und Redakteur des Internet-Rezensionsdienstes für Fachbücher zu den Bereichen Sozialwirtschaft und Sozialwesen `www.socialnet.de/rezensionen`

Norbert Herriger / Harro Dietrich Kähler

Erfolg in der Sozialen Arbeit

Gelingendes berufliches Handeln im Spiegel der Praxis

socialnet Verlag

Besuchen Sie uns im Internet:
www.socialnet.de/verlag

© 2003 socialnet Verlag, Bonn

Dieses Werk ist urheberrechtlich geschützt.
Alle Rechte, auch die der Speicherung in elektronischen Systemen, der Übersetzung, des Nachdrucks und der Vervielfältigung des Buches oder Teilen daraus, vorbehalten.

Eine CIP-Einheitsaufnahme erhalten Sie von der Deutschen Bibliothek.

Gestaltung: Babette Dörmer, Quickborn
Lektorat: Andrea Kirchhartz, Hamburg
Herstellung und Vertrieb: Books on Demand GmbH, Norderstedt
Printed in Germany

ISBN 3-936978-00-X

Vorwort

Das hier vorgelegte Buch stellt den Abschlussbericht zu einem Forschungsprojekt dar, das unter dem Titel „Erfolgreiches berufliches Handeln in der Sozialen Arbeit - Entwicklung eines Analyserasters zur Messung des Kriteriums Beruflicher Erfolg" aus hochschuleigenen Forschungsmitteln der Fachhochschule Düsseldorf im Rahmen des Forschungsschwerpunkts Wohlfahrtsverbände/Sozialwirtschaft durchgeführt wurde. Die Daten wurden 1999 erhoben, die Auswertung erfolgte in den Jahren 2000 und 2001.
Der Forschungsbericht lebt in weiten Passagen vom „Originalton" unserer Interviews. In zahlreichen wörtlichen Wiedergaben werden die von uns befragten Mitarbeiterinnen und Mitarbeiter unterschiedlicher sozialer Dienste selbst zu Worte kommen und ihren subjektiven Wahrnehmungen und Erfahrungen psychosozialer Berufswirklichkeit Ausdruck geben. Wir haben uns zu diesem Vorgehen entschlossen, um den Nutzern des Forschungsberichts einen Eindruck von den engagierten Erzählungen und Argumentationen unserer Gesprächspartner zu geben.
Die Autoren danken den dreißig Praktikerinnen und Praktikern, die ihre freie Zeit für ausführliche Interviews zur Verfügung stellten. Unser Dank gilt auch Frau Dipl. Soz.-Wiss. Birgit Szczyrba, die nicht nur die Interviews kompetent durchgeführt und transkribiert hat, sondern auch wertvolle Anregungen zu deren Auswertung beisteuerte. Nicht zuletzt danken wir unserem Kollegen Walter Wangler, der einen Entwurf dieses Berichts akribisch durchgearbeitet und wertvolle Verbesserungsvorschläge vorgelegt hat.
In der Arbeit verwenden wir der Einfachheit halber durchgängig die männliche Schreibweise der erwähnten Berufe, schließen hierin aber selbstverständlich jeweils auch alle Mitarbeiterinnen ein.

Inhalt

1. *Erfolg aus dem Blickwinkel der Praxis* ... 11
1.1 Allgemeines Verständnis von beruflichem Erfolg ... 13
1.2 Klientenbezogener Erfolg: Ergebnisorientierung ... 14
1.3 Klientenbezogener Erfolg: Verlaufsorientierung ... 14
1.4 Klientenbezogener Erfolg: Strukturorientierung ... 15
1.5 Auf interne Kooperationspartner bezogener Erfolg ... 16
1.5.1 Kooperationspartner außerhalb des Teams ... 16
1.5.2 Kooperationspartner im Team ... 17
1.6 Auf externe Kooperationspartner bezogener Erfolg ... 18
1.7 Die fachlichorientierte Definition von Erfolg ... 19

2. *Allgemeines Verständnis von Erfolg* ... 21
2.1 Zusammenfassende Übersicht ... 21
2.2 Allgemeine Vorstellungen von Erfolg in der Sozialen Arbeit ... 23
2.2.1 Ergebnisbezogene Aussagen auf der Klientenebene ... 23
2.2.2 Verlaufsbezogene Aussagen auf der Klientenebene ... 27
2.2.3 Aussagen zu anderen Aspekten ... 28
2.3 Beispiele für erfolgreiche Sozialarbeit ... 30
2.3.1. Ergebnisorientierte Erfolgserlebnisse auf der Klientenebene ... 30
2.3.2 Verlaufsorientierte Erfolgserlebnisse auf der Klientenebene ... 32
2.3.3 Erfolgserlebnisse auf der Ebene externer Kooperationspartner ... 33
2.4 Beispiele für Misserfolg in der Sozialen Arbeit ... 34
2.4.1 Ergebnisorientierte Misserfolgserlebnisse auf der Klientenebene ... 34
2.4.2 Verlaufsorientierte Misserfolgserlebnisse auf der Klientenebene ... 35
2.4.3 Misserfolgserlebnisse auf der Ebene interner und externer Kooperationspartner ... 36

3. *Klientenbezogene Erfolge: Ergebnisorientierung* ... 39
3.1. Normalisierung von Problemverhalten ... 39
3.1.1 Akzeptanz des Normalisierungsanspruchs ... 39
3.1.2 Abkehr vom Normalisierungsanspruch ... 43

3.2 Materielle Verbesserung der Lebenslage 46
3.2.1 Existenzsicherung und Schuldenregulierung 47
3.2.2 Vermittlung von gesetzlich garantierten Sozialleistungen 48
3.2.3 Wohnungsvermittlung und Wohnraumanpassung 50
3.2.4 Widerstände gegen eine materielle Verbesserung der Lebenslage 51
3.3. Verbesserung sozialer Beziehungen 52
3.3.1 Stabilisierung von partnerschaftlichen und familiären Bindungen 52
3.3.2 Schaffung und Stabilisierung von informellen Netzwerk-Strukturen 54
3.3.3 Schaffung von neuen Bindungen und Beziehungsqualitäten ... 54
3.4 Veränderung von Lebensperspektiven – die Suche nach neuem Lebenssinn 56
3.4.1 Lebensfortschritte: Schritte in eine neue Lebensautonomie 56
3.4.2 Lebensbegleitung: „ein Stück gemeinsam gehen“ 58
3.4.3 Die Unsichtbarkeit von langfristigen Lebensveränderungen ... 60

4. Klientenbezogene Erfolge: Verlaufsorientierung 63

5. Klientenbezogene Erfolge: Strukturorientierung 69

6. Intern: Vorgesetzte und berufsfremde Mitarbeiter 77
6.1 Interne Mitarbeiter: Vorgesetzte 77
6.2 Interne Mitarbeiter: Verwaltung und andere berufsfremde Mitarbeiter 80

7. Interne Kontaktpersonen: Kollegen im Team 87
7.1 Kollegen im Team allgemein 88
7.1.1 Personale Voraussetzungen einer gelingenden Teamintegration 88
7.1.2 Leistungen integrierter Arbeitsteams 90
7.2 Turnusmäßige gemeinsame Fallbesprechungen 100
7.3 Ergänzungsverhältnis der angewandten Methoden 102
7.4 Produktive Formen der Konfliktaustragung 104
7.5 Die kontinuierliche gemeinsame Arbeit an einer Teamphilosophie 107
7.6 Fachliche Anerkennung im Kollegenkreis 110
7.7 Teamsupervision 112

8. Auf externe Kontaktpersonen bezogene Erfolge 117
8.1 Externe Mitarbeiter: statushöhere Kontaktpersonen 117
8.1.1 Ergebnisbezogene Aussagen 117
8.1.2 Verlaufsbezogene Aussagen 119
8.1.3 Strukturbezogene Aussagen 123
8.2 Externe Mitarbeiter: statusgleiche Kontaktpersonen 123
8.2.1 Ergebnisbezogene Aussagen 124
8.2.2 Verlaufsbezogene Aussagen 125
8.2.3 Strukturbezogene Aussagen 126
8.3 Externe Mitarbeiter: statusniedrigere Kontaktpersonen 127
8.3.1 Ergebnisbezogene Aussagen 127
8.3.2 Verlaufsbezogene Aussagen 129

9. Kompetenz-Profile in der Sozialen Arbeit 131
9.1 Zur Einführung: Der Kompetenz-Begriff in der Diskussion 132
9.2 Persönlichkeitsmerkmale, Grundhaltungen, personale Ethik 136
9.3 Instrumentelle Kompetenzen 137
9.3.1 „Allerweltskenntnisse“ 137
9.3.2 Rechtliches und sozialwissenschaftliches Fachwissen 138
9.3.3 Verwaltungs- und Organisationskompetenz 140
9.3.4 Gestaltung und Strukturierung des eigenen Arbeitsplatzes 141
9.3.5 Konzeptionelle Kompetenz 142
9.3.6 Methodenkompetenz 142
9.4 (Selbst-)reflexive Kompetenzen 144
9.5 Soziale Kompetenzen 145
9.5.1 Soziale Kompetenz im Kontakt mit Klienten 146
9.5.2 Kommunikative Kompetenz nach innen 148
9.5.3 Kommunikative Kompetenz nach außen 150

10. Abschließende Bemerkungen 155

Literatur 157

Anhang I:
Planung, Durchführung und Auswertung der Untersuchung ... 159

Anhang II:
Intervieweranweisungen 161

1. Erfolg aus dem Blickwinkel der Praxis

Beginnen wir diese Darstellung mit einem ausführlichen Zitat. In seinem Beitrag „Erfolg und Versagen. Gedanken zu Sisyphos in der Sozialarbeit" formuliert Pasquay (1998) die These, dass sich im Spiegel der aktuellen Trends hin zu einer fortschreitenden Ökonomisierung und produktbezogenen Qualitätsorientierung die Frage nach dem Erfolg der Sozialen Arbeit mit neuer Dringlichkeit stellt. Pasquay schreibt hierzu: „Wir beobachten in der Sozialarbeit ein verschärftes Denken in wirtschaftlichen Kategorien. Diese Sichtweise ist in der Grundstruktur nicht neu, da – insbesondere in der Jugendhilfe – seit einigen Jahren zunehmend über Effektivität und Effizienz, über Leistungsmöglichkeiten und Leistungsmerkmale nachgedacht wird. Neu sind der Nachdruck und die Dynamik dieser Diskussion sowie eine Fülle bislang ungewohnter Begrifflichkeiten, die das gegenwärtige Diskussions- und Tagungsbild prägen und die aus anderen Sparten, insbesondere dem Produktionsbereich, entlehnt sind: Outputorientierung, Produktbeschreibungen, Messziffern, Controlling, Qualitätsmanagement, Neue Steuerungsmodelle usw. (...) Das Nachdenken über Effizienz und Erfolg Sozialer Arbeit macht Sinn, da die Zeiten gut gefüllter Haushaltskassen vorbei sind; vorbei die Zeiten, als der Nutzen von Sozialarbeit kaum angezweifelt wurde, als Effizienz- und Qualitätsüberlegungen jedoch auch tabuisiert wurden mit dem Hinweis, sozialpädagogische Prozesse oder fachliche Qualität von Sozialarbeit seien als solche generell nicht messbar. (...) Zu Recht muss Sozialarbeit sich fachlich verantworten, zu Recht kann sich kostenintensive Heimerziehung einem besonderen Legitimationsdruck nicht entziehen. Aber wie beurteilen wir die Qualität von Sozialarbeit, welche Kriterien gibt es für den Erfolg Sozialer Arbeit?" (Pasquay 1998, S. 15f). Wir haben uns in der hier dargestellten Forschungsarbeit auf den Weg gemacht, Antworten auf diese Fragen zu finden.

Evaluative und selbstevaluative Ansätze zur Bestimmung beruflichen Erfolges haben in der Fachdiskussion Konjunktur (vgl. z.B. König 2000). Im Mittelpunkt stehen Versuche, mittels neuer Steuerungsmodelle konkrete Vorgaben für eine den Kriterien rationaler Organisationsentwicklung genügende Qualitätssicherung zu bekommen. Die Soziale Arbeit und die pädagogische Produktion sozialer Dienstleistungen folgen aber einer fachspezifischen Logik, die sich nicht bruchlos unter die in der betriebswissenschaftlichen Diskussion gebräuchlichen Kriterien wie Rationalität, Effektivität und „Benchmarking" subsumieren lässt. In der empirischen Grundlegung fehlen bisher weitgehend Forschungsarbeiten, die zu erheben versuchen, in welcher Weise die Berufsvertreter selbst ihre beruflichen Erfolge definieren.

Die hier vorgestellte Forschungsarbeit unternimmt den Versuch, die Kriterien für die Bemessung von beruflichem Erfolg im Spiegel der subjektiven Einschätzungen ausgewählter Professionsvertreter zu erfassen und kategorial zu ordnen. Im Mittelpunkt unserer Analyse stehen also die subjektiven Interpretations- und Bewertungsmuster, auf die die Mitarbeiter sozialer Dienste und Einrichtungen zurückgreifen, um gelingendes berufliches Handeln zu vermessen. Im Rahmen unserer Untersuchung haben wir insgesamt 30 Berufsvertreter aus unterschiedlichen Handlungsfeldern der Sozialen Arbeit nach ihren subjektiven Erfolgskriterien und -erfahrungen befragt. Grundlage der Befragung war ein differenzierter teilstrukturierter Interviewleitfaden. Die Interviews wurden auf Tonband aufgezeichnet, transkribiert und im Wege einer qualitativen Inhaltsanalyse kategorial interpretiert. Einzelheiten des Vorgehens bei Planung, Durchführung und Ausführung sind in Anhang I zusammengefasst. Hier soll zunächst allgemein der Aufbau des Leitfadens (vgl. Anhang II) vorgestellt und begründet werden.

Unser forschungsmethodisches Vorgehen speist sich aus unserer Beschäftigung mit verschiedenen Aspekten des beruflichen Erfolgs in der Sozialen Arbeit. Eine erste empirische Grundlegung des hier vorgestellten Projektes wurde im Rahmen des Lehr-Forschungsprojektes „Empowerment in der Sozialen Arbeit" erarbeitet, das von einem der Autoren (Herriger) seit dem Studienjahr 1997/1998 durchgeführt wird. Im Rahmen dieses Lehr-Forschungsprojektes erhoben Studierende auf der Grundlage eines gemeinsam erarbeiteten Interviewleitfadens einen Katalog von Qualitätskriterien, an denen sich in der subjektiven Einschätzung der befragten Mitarbeiter ausgewählter sozialer Einrichtungen und Dienste die „Buchstabierung" von beruflichem Erfolg bemisst. Auf der Grundlage dieser ersten empirischen Materialien können *fünf Grundformen des beruflichen Erfolgs in der Sozialen Arbeit* unterschieden werden (vgl. ausführlich Herriger 2000). Es handelt sich hierbei um:

(1) klientenbezogene ergebnisorientierte Aspekte,
(2) klientenbezogene verlaufsorientierte Aspekte,
(3) auf interne Kooperationspartner bezogene Aspekte,
(4) auf externe Kooperationspartner bezogene Aspekte und
(5) fachlich-methodische Aspekte des beruflichen Erfolgs.

Aus einer anderen Denkrichtung stammen Überlegungen des zweiten Autors dieses Berichts zum Thema Selbstevaluation (Kähler), die sich mit den gerade skizzierten Grundformen verknüpfen lassen. Sie greifen zum einen die *drei zentralen Dimensionen von Erfolgskriterien* in der Sozialen Arbeit auf, die in aktuellen Veröffentlichungen zur Evaluationsthematik verwendet werden:

(1) verlaufsbezogene Erfolgskriterien,
(2) ergebnisbezogene Erfolgskriterien und
(3) strukturbezogene Erfolgskriterien (vgl. Kähler 1999a).

Erfolg in der Sozialen Arbeit kann zugleich auf *unterschiedliche Zielgruppen* bezogen werden (vgl. Kähler 1999b):

(1) Klientel der Sozialen Arbeit,
(2) interne Kooperationspartner sowie
(3) externe Kooperationspartner.

Die Untersuchungsergebnisse bei Kähler (1999b) zeigen, dass – über den konkreten Arbeitskontrakt mit den Klienten hinaus – die Beziehungen zu internen und externen Kooperationspartnern für die Erfolgserfahrungen von Akteuren Sozialer Arbeit von großer Bedeutung sind.

Kombiniert man die drei Erfolgskriterien mit den drei unterschiedlichen Zielgruppen, so erhält man eine Vielzahl von Kombinationsmöglichkeiten, von denen allerdings nicht alle gleich empirisch bedeutsam sind (vgl. Kähler 1999b). Die Autoren haben sich deshalb entschlossen, bestimmte Kombinationen besonders ausführlich zu thematisieren, andere dagegen nur am Rande oder nur indirekt zu berücksichtigen.

Vor dem Hintergrund dieser Überlegungen ergab sich für das Leitfadeninterview folgende Vorgehensweise:

1.1 Allgemeines Verständnis von beruflichem Erfolg

Jede von Interviewern formulierte Frage produziert Ergebnisse, die bei anderer Fragestellung zu anderen Resultaten geführt hätte. Bevor also gezielt bestimmte Aspekte des beruflichen Erfolgs in der Sozialen Arbeit angeschnitten wurden, sollten die Untersuchungspersonen Gelegenheit haben, möglichst ohne Interviewervorgaben ihre Vorstellungen von beruflichem Erfolg zu formulieren. Dazu wurden sie aufgefordert, zunächst ihr *allgemeines Verständnis von beruflichem Erfolg* darzustellen. Danach wurden unsere Interviewpartner gebeten, je ein Beispiel für einen beruflichen Erfolg und Misserfolg zu beschreiben.

Die Ergebnisse werden in Kapitel 2 vorgestellt.

1.2 Klientenbezogener Erfolg: Ergebnisorientierung

Nach diesen allgemeinen Erkundungen des beruflichen Erfolgs wurde in den Leitfadeninterviews gezielt nach bestimmten Dimensionen des beruflichen Erfolgs gefragt. Eine erste Grundform bemisst beruflichen Erfolg im Hinblick auf das Ergebnis (das Produkt), das durch das sozialarbeiterische Handeln erstellt wird. Im Vordergrund dieser ersten Grundform steht also *die Ergebnisqualität des sozialarbeiterischen Handelns (ergebnisbezogene Definition von Erfolg)*: Sozialarbeiter erleben ihr Tätig-Werden dort als erfolgreich, wo durch die pädagogische Intervention positiv bewertete und dauerhaft gesicherte Veränderungen der Lebenssituation der Klienten hergestellt werden können. Soziale Arbeit hinterlässt hier also sichtbare Spuren der Verbesserung von Lebensqualität. Die Maßstäbe, an denen diese Verbesserungen von Lebensqualität gemessen werden, können unterschiedlich sein. Zu unterscheiden sind: *(1) gelingendes Problemmanagement*: Dem Klienten gelingt es nach Abschluss der pädagogischen Intervention, Lebensbelastungen und schwierige Lebenssituationen in eigener Regie und ohne weiteren Rückgriff auf professionelle pädagogische Hilfe zu bewältigen; *(2) Stabilisierung der Lebenslage*: Die Lebenslage des Klienten (ökonomische Teilhabe, Beziehungsqualitä, psychische Befindlichkeit) kann durch die sozialpädagogische Intervention gebessert und auf Dauer stabilisiert werden. *(3) Persönlichkeitsentwicklung*: Das Ergebnis der pädagogischen Intervention ist eine vertiefte Sensibilität der Selbst- und Beziehungswahrnehmung; die Erfahrung von Selbstwert und das Vertrauen in die eigenen Lebenskompetenzen werden gestärkt.

Die Ergebnisse werden in Kapitel 3 vorgestellt.

1.3 Klientenbezogener Erfolg: Verlaufsorientierung

Diese zweite Grundform bemisst beruflichen Erfolg in der Sozialen Arbeit in Kategorien von Beziehungsqualität: Sozialarbeiter erleben ihr Tätig-Werden dort als erfolgreich, wo es ihnen im Verlauf von Beratungs-, Begleitungs- und Betreuungsprozessen gelingt, eine produktive und vertrauensvolle Beziehung zu ihrem Klienten aufzubauen und aufrecht zu erhalten *(verlaufsbezogene Definition von Erfolg)*. Dokumente einer solchen positiv erlebten Beziehungsqualität sind für die Sozialarbeiter:

die Offenheit und die Authentizität des Klienten in der Darstellung seiner Lebenserfahrungen und Problembelastungen, die Verlässlichkeit des Klienten, z.B. in der Wahrnehmung vereinbarter Termine oder in der Erfüllung aufgetragener Aufgaben,

die uneingeschränkte Bereitschaft des Klienten zu produktiver Mitarbeit und

sein Vertrauen in die Arbeitsbeziehung und in die berufliche Kompetenz seines Gegenübers.

Diese verlaufsorientierte Wahrnehmung von Erfolg dokumentiert sich in der Sozialen Arbeit insbesondere dort, wo die Mitarbeiter sozialer Dienste die Arbeitsbeziehung zwischen Sozialarbeiter und Klient als „Lebenswegbegleitung" buchstabieren. Dies bedeutet: Kurs, Schrittfolge und Tempi des helfenden Kontrakts sind hier Produkt von (immer wieder neuer und sich wiederholender) gemeinsamer Aushandlung. Nicht die Einpassung des Hilfekontrakts in eine expertenseitig vorgegebene feste Form steht hier im Mittelpunkt. Die Arbeitsbeziehung wird von beiden Seiten vielmehr als eine offene „Arbeits-Koalition" verstanden, in der das „Wegerecht", d.h. die Entscheidungsmacht, über Kurse, Schrittfolge und Tempi zu befinden, in den Händen des Adressaten verbleibt. Eine Soziale Arbeit, die ihre Tätigkeit solchermaßen als eine – befristete und immer nur auf umgrenzte Lebenswegstrecken bezogene – Lebenswegbegleitung versteht, bindet ihr Erfolgreich-Sein an die Prinzipien konsensueller Validierung und vollzieht sich im Wege einer beständigen gemeinsamen Prozessevaluation. Eine inhaltliche Füllung der leeren Form „Erfolgreich-Sein" und „Berufsgelingen" ist hier also stets das Produkt einer offenen Verständigung und Ko-Konstruktion (vgl. weiterführend Herriger 1997, S. 198 ff).

Die Ergebnisse werden in Kapitel 4 vorgestellt.

1.4 Klientenbezogener Erfolg: Strukturorientierung

Für die erfolgreiche Arbeit mit und für Klienten sind förderliche Arbeits(platz)strukturen eine wichtige Voraussetzung. Eine wirksame Öffentlichkeitsarbeit „für die eigene Adresse", ein niedrigschwelliger Zugang zur Einrichtung, kurzlinige Anmeldewege für die Klienten, eine ansprechende bauliche Atmosphäre und räumliche Ausstattung sind hier ebenso zu erwähnen wie auch die spezifischen Gestaltungsfreiräume, die die Mitarbeiterinnen und Mitarbeiter in ihrer Arbeit nutzen können (z.B. Gestaltbarkeit der Arbeitszeit, Eigenständigkeit und Autonomie in der inhaltlichen Ausgestaltung der Beziehungsarbeit, Einbindung der Einrichtung in ein Netzwerk kooperierender Dienste und Einrichtungen usw.). Vor dem Hintergrund dieser Vorüberlegungen thematisiert der Interviewleitfaden in diesem Kapitel die förderlichen institutionellen Rahmenbedingungen für eine erfolgreiche Soziale Arbeit, zugleich aber auch die strukturellen Hindernisse, die einen solchen beruflichen Erfolg sabotieren und verunmöglichen.

Die Ergebnisse werden in Kapitel 5 vorgestellt.

1.5 Auf interne Kooperationspartner bezogener Erfolg

Sprechen wir von „internen Kooperationspartnern", so beziehen wir uns zum einen auf die teamfremden (statushöheren und statusniedrigeren) Kooperationspartner innerhalb der eigenen Einrichtung (z.B. Vorgesetzte, Mitarbeiter der Verwaltung und anderer Professionen) und zum anderen auf die (statusgleichen) Kolleginnen und Kollegen im Team.

1.5.1 Kooperationspartner außerhalb des Teams

Interne, aber teamfremde Kooperationspartner sind u.a. Vorgesetzte, Mitglieder von Vorstand, Organisationsleitung, Aufsichtsrat, aber auch Mitglieder der Institution, die einer anderen als der pädagogischen Profession angehören (Ärzte, Juristen, Psychologen, Mitglieder der Verwaltung). Die Kommunikation mit diesen internen Kooperationspartnern ist vielfach nicht unproblematisch. Konflikte ergeben sich vor allem aus dem Umstand, dass diese Kommunikation in den Koordinaten von (1) Machtungleichheit (Kooperation mit statushöheren Mitgliedern der eigenen Institution) und (2) fachlicher Perspektivendifferenz (Kooperation mit Angehörigen anderer Professionen mit divergenten beruflichen Sozialisationserfahrungen, Deutungsmustern und methodischen Handlungszuschnitten) verortet ist (vgl. hierzu Kähler 1999b).

Beruflicher Erfolg kann nun – und so gewinnen wir eine weitere Grundform von Erfolg – auch im Hinblick auf interne Kooperationsmuster buchstabiert werden: Er ist hier gebunden an einen *produktiven Umgang mit Machtunterschieden* und fachlichen Perspektivunterschieden in der kooperativen Bearbeitung von alltäglichen Berufsanliegen. Erfolg bedeutet so u.a. die Einspruchsfreiheit der Fallbearbeitung („nicht anecken", „keinen Anlass für Kritik liefern", „die eigenen Bücher immer in Ordnung halten"); die Dokumentation einer erfolgreichen Parteilichkeit mit Klienten-Interessen, z.B. durch die institutionsinterne Durchsetzung von klientenseitigen Ansprüchen („bei der eigenen Verwaltung das Beste für den Klienten herausholen"), das souveräne, d.h. für den Klienten produktive Umgehen mit institutionellen Restriktionen, das erfolgreiche Durchhalten von „Image-Strategien", die das eigene institutionsinterne Ansehen im Hinblick auf Sparsamkeit, methodische Raffinesse, Schnelligkeit der Fallbearbeitung usw. steuern. Es geht hier um:

die „reibungslose" einrichtungsinterne Durchsetzung von sozialarbeiterischen Wirklichkeitskonstruktionen („dem pädagogischen Blick auch gegenüber der Verwaltung Geltung verschaffen"),

die Bewilligung von fachlich als notwendig eingeschätzten Maßnahmen durch die vorgesetzte Instanz,

die Durchsetzung parteilich-klientenbezogener Anliegen auch gegen „hauseigene" Widerstände,

den kompetenten Umgang mit institutionsseitigen Rahmenbedingungen des Arbeitens: z.B. das Sich-Einpassen in den vorgegebenen Rahmen von Zeitbudget, Finanzen, Methodenkatalog, Leistungsnachweisen und Qualitätsstandards.

Die Ergebnisse werden in Kapitel 6 vorgestellt.

1.5.2 Kooperationspartner im Team

Soziale Arbeit ist stets „Teamgeschäft" – sie vollzieht sich in der alltäglichen Kooperation und fachlichen Auseinandersetzung mit anderen Angehörigen der pädagogischen Profession. Die subjektiv erlebte konstruktive Qualität dieses Miteinanders ist eine entscheidende Determinante für berufliche Zufriedenheit und berufliches Erfolgserleben. Empirische Studien zum Thema „Burning-out bei Angehörigen pädagogischer Berufe" (vgl. Chemiss 1999) dokumentieren übereinstimmend, dass das Eingebundensein in eine positiv anerkennende und unterstützende Teamkultur einen wichtigen Schutzwall bildet gegen den Verlust von beruflicher Motivation und fachlichem Engagement. Und umgekehrt: Dort, wo die Erfahrung von Konkurrenz, die mangelnde fachliche Anerkennung der eigenen Arbeit und persönliche Differenzen das kollegiale Miteinander prägen, besteht für den einzelnen ein erhöhtes Risiko, in die „Burning-out-Falle" zu geraten. Mit Blick auf diese *teamgebundene Definition von Erfolg* können folgende Kriterien als Maßstäbe für beruflichen Erfolg benannt werden:

die Übereinstimmung der eigenen Arbeit mit den (institutionseigenen) Standards einer „guten und soliden fachlichen Arbeit", die in der Teamkultur verbindlich verankert sind,

die erfahrene fachliche Anerkennung im Kreis der Kollegen; auch: das aktive Nutzen von Chancen der fachlichen Selbstdarstellung vor der Kollegenschaft („immer wenn es um Konzeptionen geht, werde ich von den Kollegen als Vordenker eingespannt"),

das Eingebunden-Sein in eine von der Mehrzahl der Kollegen akzeptierte „corporate identity": gemeinsame Konzeption, gemeinsames Menschenbild, gemeinsamer Zielkatalog, gemeinsames Methodeninventar usw.),

die Offenheit des kollegialen Austauschs: die angstfreie Möglichkeit zur „Problemveröffentlichung", gelingende Strategien der Konfliktaustragung („ohne ‚Dauer-Groll' miteinander umgehen können"), Diversifizität: das Aushalten-Können und die Akzeptanz von unterschiedlichen Zielpriorotä-ten, Methodenansätzen, Arbeitsstilen usw. im Kollegenkreis,

eine partizipative Entscheidungsstruktur: eine „flache" Hierarchie, die individuelle Einflussnahmen auf einrichtungsbezogene „Richtungsentscheidungen" zulässt.

Die Ergebnisse werden in Kapitel 7 vorgestellt.

1.6 Auf externe Kooperationspartner bezogener Erfolg

Externe (institutionsfremde) Kooperationspartner sind Mitarbeiter anderer kooperierender Dienste und Einrichtungen in der kommunalen Dienstleistungslandschaft. Diese Kooperation mit externen Partnern können wir entlang zweier Dimensionen weiter aufschlüsseln: (1) die Kooperation mit externen Kollegen der Sozialen Arbeit (macht- und professionsgleiche Kooperation über die Institutionengrenzen hinweg: z.B. Weitervermittlung von Klienten, kooperative grenzübergreifende Fallbearbeitung) und (2) die Kooperation mit externen Mitarbeitern anderer Professionszugehörigkeit (macht- und professionsdifferente Kooperation über die Institutionsgrenzen hinweg). Von besonderer Relevanz für das (Miss-)Erfolgserleben Sozialer Arbeiter ist nach vorliegenden Erfahrungen das letztgenannte Kooperationsmuster: In vielen Handlungsfeldern ist die Soziale Arbeit eingebunden in eine Beziehung mit Vertretern anderer (machtvoller) Institutionen und anderer Professionen. Beispiele sind hier die Interaktion zwischen Jugendgerichtshelfer und Jugendstaatsanwalt/Jugendrichter, die Interaktion zwischen Mitarbeitern des Allgemeinen Sozialdienstes und Familienrichtern, die Interaktion zwischen Bewährungshelfern und bewährungsaufsichtführenden Richtern. Auftrag der Sozialen Arbeit in diesen kooperativen Bezügen ist hier vielfach die Zulieferung von entscheidungsrelevanten Informationen, die der informationsrezipierenden Instanz die Bewertung fallbezogener Sachverhalte sowie die Kontrolle der „ordnungsgemäßen Durchführung" von Betreuungsverhältnissen möglich machen. Im Kontext dieser asymmetrischen und institutions- und professionsübergreifenden Beziehungen buchstabiert die adressatenbezogene Definition Erfolg durch die kritiklos-ungebrochene Akzeptanz der sozialarbeiterischen Wirklichkeitskonstruktionen durch die rezipierende Instanz: die Übernahme der im Jugendgerichtshilfe-Bericht formulierten Sachverhaltsanalysen und Sanktionsvorschläge in das Urteil des Richters, das Aufgreifen der Familienbilder und der Regelungsvorschläge der Familiengerichtshilfe im Urteil des Familienrichters zur Regelung der elterlichen Sorge, das einspruchslose „Abbuchen" der turnusmäßigen Fallberichte der Bewährungshilfe durch den bewährungsaufsichtführenden Richter. Die Definition von Erfolg wird hier also in die Hände professions- und institutionsexterner Dritter gelegt. Die einspruchslose Akzeptanz der sozialarbeiterischen „Sicht der Dinge", das Sich-Anschließen an die pädagogischen Tatbestandserklärungen, Handlungsvorschläge und Beurteilungen sowie die Übernahme der sozialarbeiterischen Argumentation in den Wahrnehmungs- und Bewertungskontext der Mitarbeiter einer dritten Instanz sind hier Dokumente für das Erfolgreich-Sein Sozialer Arbeit.

Zusammengefasst geht es um

- die einspruchslose Übernahme und Durchsetzung der eigenen sozialarbeiterischen Wirklichkeitskonstruktionen (Problemwahrnehmung, Problemerklärung, Definition von „wünschenswerten" Maßnahmen usw.) in die Deutungen und Interpretationen von machtvollen Angehörigen anderer, kooperierender Dienste, Ämter und Behörden,
- die Übernahme von Tatbestandsfeststellungen, Fallbeurteilungen und Interventionsvorschlägen durch die Rezipienten,
- die Durchsetzung parteilich-klientenbezogener Anliegen gegenüber dritten Instanzen („dem Klienten die besten Hilfestellungen beim Ausschöpfen der Ermessensspielräume des Sozialamtes gegeben zu haben"),
- die (fallunabhängige) Erfahrung der Anerkennung und der Wertschätzung der eigenen professionellen Dienstleistungsqualität durch dritte Instanzen.

Die Ergebnisse werden in Kapitel 8 vorgestellt.

1.7 Die fachlichorientierte Definition von Erfolg

Im Verlauf der beruflich-praktischen Tätigkeit sedimentiert sich im Alltagswissen eines jeden Sozialen Arbeiters ein stiller Code von subjektiven Standards, an denen gemessen die Arbeitsbeziehung mit einem

Klienten und die in dieser Arbeitsbeziehung angeregten und realisierten Lebenskursveränderungen als „gelingend" oder als „nicht gelingend" eingeschätzt werden können. Im Spiegel dieses alltagstheoretischen Codes subjektiver Messstandards werden Arbeitskontrakte immer dann als erfolgreich wahrgenommen, wenn sie den Gütekriterien einer fachlichen Beziehungsarbeit entsprechen. Eine gemeinsame Definition der Problemwirklichkeit des Adressaten, eine tragende Übereinkunft über die Stufenfolge der Arbeitsschritte und die einzusetzenden methodischen Instrumentarien, eine signifikante, durch den sozialarbeiterischen Kontrakt angestoßene Veränderung der Lebenslage und der Lebensorientierungen des Klienten, eine beide Seiten zufriedenstellende Bewertung der im Verlauf der gemeinsamen Interaktion hergestellten Arbeitsprodukte – dies sind die Bausteine, die in der Sicht der fachlichorientierten Definition eine gelingende Arbeitsbeziehung kennzeichnen. Festzuhalten ist hier freilich, dass dieser Code von Bewertungsstandards stets expertenseitig vorgegeben und fixiert ist. Erfolg hat hier also zu tun mit der Zustimmung des Klienten zu den professionseigenen Gütekriterien gelingender Beziehungsarbeit. In seinem letzten Teil thematisiert unser Interviewleitfaden die Kompetenz-Profile, über die die Mitarbeiterinnen und Mitarbeiter sozialer Dienste und Einrichtungen verfügen sollten, um diese Gütekriterien einer gelingenden Sozialen Arbeit zu erfüllen. Es geht bei diesem Bereich also um

- allgemeine Persönlichkeitsmerkmale, Grundhaltungen und Aspekte einer beruflichen Ethik, die notwendige personale Ressourcen einer erfolgreichen Sozialen Arbeit sind,
- notwendige instrumentelle Kompetenzen,
- reflexive Kompetenzen sowie
- soziale Kompetenzen im Umgang mit Klienten und institutionellen Kooperationspartnern.

Die Ergebnisse werden in Kapitel 9 vorgestellt.

Mit dieser (einerseits theoriegeleiteten deduktiven und andererseits aus eigenen vorangehenden Forschungserfahrungen induktiv gewonnenen) Differenzierung der Grundformen von Erfolg gewinnen wir ein griffiges Kategorienraster, das Basis unserer Forschung ist. Die hier dargestellten Grundformen von Erfolg bilden die zentralen Dimensionen („Schlüsselkonzepte") des Leitfadens, der unseren Experten-Interviews zugrunde liegt (vgl. hierzu ausführlich Anlage II).

2. Allgemeines Verständnis von Erfolg

Die ersten drei Fragen des Leitfadeninterviews sollten den Befragten Gelegenheit geben, ihr Verständnis von beruflichem Erfolg darzustellen, ohne durch Vorgaben der Interviewerin in irgendeine Richtung beeinflusst zu sein. Zunächst wurden die Interviewpartner aufgefordert, ihr allgemeines Verständnis von beruflichem Erfolg in der Sozialen Arbeit darzustellen (vgl. 2.2). Anschließend wurden sie gebeten, sich an ein Beispiel für beruflichen Erfolg zu erinnern und diese Situation zu schildern (vgl. 2.3), danach das gleiche für eine Situation mit beruflichem Misserfolg zu tun (vgl. 2.4). Bevor auf die Antworten zu diesen drei Fragen im Detail eingegangen wird, werden kennzeichnende Merkmale der Antwortstrukturen zu diesen drei Fragen in einer ersten Übersicht vorgestellt und kommentiert (vgl. 2.1).

2.1 Zusammenfassende Übersicht

In den Antworten zu den drei Einleitungsfragen wurden zunächst Aussagen als Einheiten festgelegt, die einen erkennbaren, von anderen Aspekten abgrenzbaren Beitrag zur Themenstellung des Interviews enthielten. Auf diese Weise konnten 124 Aussagen über das Thema Erfolg in der Sozialen Arbeit identifiziert werden. Diese Aussagen wurden zunächst nach zwei Dimensionen eingestuft, die in der Diskussion über beruflichen Erfolg in der Sozialen Arbeit eine Rolle spielen. Die erste Dimension bezieht sich auf mögliche *Dimensionen der Bestimmung von Erfolg*:

eher am Ergebnis orientiert,
eher am Verlauf orientiert,
eher an Strukturen orientiert.

Wenn eine Einheit mehrere Elemente enthielt, wurde sie der „unteren" Kategorie zugeordnet: enthielt also z.B. eine Äußerung sowohl ergebnis- als auch verlaufsorientierte Aspekte, wurde sie der Kategorie „eher am Verlauf orientiert" zugeordnet.

Die zweite Dimension bezieht sich auf die *Ebene des Bezugs*. Zunächst wurde davon ausgegangen, dass eine Auswertung hinsichtlich der Klienten, der internen und der externen Kooperationspartner ausreichen würde. Tatsächlich erwies es sich als sinnvoll, zwei weitere Kategorien zu bilden, insgesamt also folgende fünf Bezugsebenen:

Klienten und ihre Netzwerke
Interne Kooperationspartner
Externe Kooperationspartner
Persönliche Situation des Sozialarbeiters
Gesellschaftliche Ebene

Die Kategorie „Persönliche Situation des Sozialarbeiters" bezieht sich auf Äußerungen, in denen Erfolg festgemacht wird an Merkmalen wie Sich-Wohlfühlen, sicheres Auskommen o.ä. Die Kategorie „Gesellschaftliche Ebene" wurde immer dann herangezogen, wenn beruflicher Erfolg auf Beiträge zur Stabilisierung der Gesellschaft oder andere Funktionen mit gesellschaftlichem Bezug abzielten. Beispiele für die verschiedenen Kategorien finden sich in den Abschnitten 2.2, 2.3 und 2.4.

Einen Eindruck von der Verteilung der Äußerungen nach diesen Kategorien vermittelt Tabelle 1.

Tabelle 1:
Alle Äußerungen zu Fragen 1 bis 3 –
Zahl der Äußerungen nach Erfolgskriterium und Ebene des Bezugs

	Ergebnis-orientiert	Verlauf-orientiert	Struktur-orientiert	Summe
Klienten und Netzwerk	57	26	1	84
Persönl. Situation	4	5	–	9
Interne Kooperation	4	8	2	14
Externe Kooperation	11	2	–	13
Gesellschaftl. Ebene	4	–	–	4
Summe	80	41	3	124

In den spontan geäußerten Ansichten über beruflichen Erfolg spielen offensichtlich Hinweise auf Strukturen oder die gesellschaftliche Ebene so gut wie keine Rolle. Demgegenüber dominieren Hinweise auf Erfolge, die sich auf die Klientel Sozialer Arbeit beziehen und hier in erster Linie solche Erfolge, die mit erkennbaren Ergebnissen (46 %) und in zweiter Linie mit den Verläufen der Zusammenarbeit (21 %) zu tun haben. Beispiele für die einzelnen Kombinationen von Äußerungen und weitere Kennzeichnungen finden sich in den detaillierteren Darstellungen der folgenden Abschnitte.

Auf der Basis der hier ermittelten ersten und noch sehr groben Auswertung lässt sich aber schon ein erstes wichtiges Ergebnis dieser Untersuchung erkennen. Wenn fast die Hälfte aller subjektiv geäußerten Vorstellungen über beruflichen Erfolg in der Sozialen Arbeit auf erfolgreiche Veränderungen bei Klienten bezogen ist, muss damit gerechnet werden, dass angesichts der Gegenkräfte, die derartige Erfolge eher selten eintreten lassen, die Erfahrung erfolgreicher Sozialer Arbeit eher selten gemacht werden kann. Bereits an dieser Stelle wäre zu überlegen, ob Sozialarbeitern nicht anzuraten ist, verstärkt auch andere Gesichtspunkte der Erfolgsbestimmung ihrer Arbeit ins Auge zu fassen, um sich vor Misserfolgserfahrungen besser schützen zu können. Dieser Gesichtspunkt soll bei den folgenden Auswertungen im Auge behalten werden.

2.2 Allgemeine Vorstellungen von Erfolg in der Sozialen Arbeit

Die in der zusammenfassenden Übersicht (vgl. Tab. 1) erkennbare Dominanz der Orientierung an erreichten positiven Ergebnissen bei Klienten schlägt sich naturgemäß in den Antworten auf die ersten drei Fragen nieder, hier also auf die erste Frage nach dem allgemeinen Verständnis von beruflichem Erfolg: 23 der 54 erfolgsbezogenen Aussagen (= 43 %) in den Antworten zu dieser Frage sind ergebnisorientiert und beziehen sich auf Klienten und ihre Netzwerke. Innerhalb dieser Kategorie von Äußerungen lassen sich allerdings sehr unterschiedliche Ausformungen erkennen, die im Folgenden exemplarisch belegt werden sollen. Aussagen, die nur vereinzelt vorkommen, werden dabei vernachlässigt.

2.2.1 Ergebnisbezogene Aussagen auf der Klientenebene

Etliche Äußerungen beziehen sich auf Erfolge, die Klienten der Einrichtung oder des befragten Sozialarbeiters erreicht haben. Hierzu einige Beispiele:

> *Zunächst mal gilt natürlich für mich und für unsere Arbeit (...) das Prinzip der Hilfe zur Selbsthilfe, d.h. wenn die Menschen, mit denen wir arbeiten, ihren Alltag (...) zunehmend besser organisiert kriegen.* (Stationäre Einrichtung der Jugendhilfe/Inobhutnahme)
>
> *Von der inhaltlichen Seite her ist natürlich ein Erfolg, wenn ich die Problemlagen der Familien oder der Menschen, mit denen ich arbeite (...), aufarbeiten kann, wenn ich die lindern kann, wenn ich die eventuell sogar beseitigen (kann), wenn ich dazu beitragen kann, dass diese Menschen, die (...) um Hilfe gebeten haben, in Zukunft ohne Hilfe oder zumindest zeitweise ohne Hilfe eigenständig leben können.* (Sozialpädagogische Familienhilfe)
>
> *Wenn sich Lebensbedingungen von Klienten positiv verändern (...). Wenn sich quasi Anliegen von (...) Anfragern, Auftraggebern, Kunden oder wie immer man die auch bezeichnen mag, realisieren lassen in einer Form, dass die damit zufrieden sind.* (Drogenberatung)
>
> *Beruflicher Erfolg ist für mich, wenn ich das Gefühl habe, dass ich (...) für die Klienten, mit denen ich zusammenarbeite, etwas erreichen konnte. (...) Wenn ich das in Zahlen nachweisen kann, das ist für mich auch Erfolg. (...) Wenn ich auch nachweisen kann, das und das habe ich mit meiner Arbeit erreicht.* (Betriebssozialarbeit)
>
> *Wenn man beim Zusammentreffen mit Leuten denen Impulse geben kann, die sie dazu bringen, ihr Leben besser meistern zu können (...) Menschen befähigen kann, sein Leben zufriedenstellender zu regeln.* (Justizvollzugsanstalt)
>
> *(...) dass wir brauchbare Perspektiven mit den Jugendlichen erarbeiten und mit denen wir dann nachher tatsächlich bessere Zugangschancen auf dem Arbeits- oder Ausbildungsstellenmarkt schaffen.* (Jugendberufshilfe)
>
> *(...) wenn das gelingt, dass insbesondere benachteiligte Gruppen mehr Möglichkeiten haben, sich an der Gesellschaft zu beteiligen und zwar adäquat. Dass es Mitwirkung, Mitbestimmungsmöglichkeiten gibt. (...) Soziale Arbeit muss da gucken, dass da niemand hinten rüberfällt.* (Jugendberufshilfe)
>
> *Wenn ich als Sozialarbeiterin das Ziel gesetzt habe, Vermittlung auf den ersten Arbeitsmarkt, und das klappt, dann ist das natürlich ein Erfolg.* (Angebote für Sinti/Roma)

Das Muster ist in den verschiedensten Ausprägungen, Arbeitsfeldern und individuellen Auslegungen sehr ähnlich: bezogen auf ein *Kollektiv von Fällen* wird das Erreichen bestimmter Ziele oder auch Teilziele als Erfolg empfunden. Dabei wird teilweise vom Erreichen von Zielen allgemein gesprochen oder derartige Ziele werden konkreter und dann entsprechend vielfältig – je nach Arbeitsbereich – exemplarisch verdeutlicht. Das zentrale Charakteristikum dieser Vorstellung von beruflichem Erfolg ist, dass Soziale Arbeit dazu beiträgt, dass es Klientengruppen nach einer fachlichen Intervention besser geht also vorher.

Diese Sichtweise von beruflichem Erfolg wird ergänzt um ebenfalls häufig vorzufindende Vorstellungen von Erfolg, die sich auf *einzelne* Klienten beziehen – das Muster ist auch hier vergleichbar. Auch hierzu einige Beispiele:

> *Ich kann das nur (an) den einzelnen Bewohnern festmachen und (...) an dem Werdegang, den die bei uns durchlaufen, und was danach passiert. (...) Wenn die Leute immer wieder in unsere Einrichtung kommen und sagen, ihr habt mir da toll geholfen, und ich würde die Hilfe gerne weiter in Anspruch nehmen.* (Stationäre Einrichtung der Wohnungslosenhilfe)

> *Erfolg würde ich immer im Erreichen gesetzter Ziele definieren. (...) Ich habe spezifische Zielvorstellungen im Umgang mit einzelnen Klienten, und wenn ich diese Zielvorstellungen realisieren kann, dann bin ich erfolgreich.* (Krankenhaussozialdienst/Gerontopsychiatrie)

> *Wenn ich erkennen kann, dass es gelungen ist, den Menschen zu unterstützen. Dass es mir und der betreffenden Person gelungen ist, eine von ihm auch gewünschte Veränderung herbeizuführen.* (Schulsozialarbeit)

> *Wenn ich den Auftrag, der mir gestellt ist in irgendeiner Institution, wenn der erfüllt ist im Sinne des Klienten, der das auch so sieht nach Möglichkeit, dann würde ich sagen, ist das richtig beruflicher Erfolg.* (Beratung für Langzeitarbeitslose)

> *Wenn ich es geschafft habe in der Suchtberatung, jemand so weit zu motivieren, vielleicht eine Therapie zu machen, das sind konkrete Erfolge.* (Angebote für Sinti/Roma)

> *Wenn ich einen Klienten mit 28 Gläubigern innerhalb einer gewissen Zeit entschulden kann. Oder ins Insolvenzverfahren bringe oder solche Geschichten. Das würde ich als Erfolg sehen.* (Schuldnerberatung/Wohnungsnotfallhilfe)

> *Erfolg würde ich daran messen, ob der Klient (...) es besser gelernt hat, mit seinen Konflikten klar zu kommen, (er) Bewältigungsstrategien entwickelt, die es ihm leichter machen, seine Probleme zu bewältigen oder zu mindern.* (Verbandliche Jugendberatung)

> *Wenn Vermittlungstätigkeiten erforderlich sind, wenn man einen Patienten ordentlich in eine Einrichtung vermittelt hat, wo man mit gutem Gefühl sagen kann, das ist genau die richtige, adäquate Ein-*

richtung für den Betreffenden, und die Angehörigen des Betreffenden sind damit sehr zufrieden, das ist in dem Moment dann schon für mich so eine Art (...) Erfolg. (Krankenhaussozialdienst/Psychiatrie)

Klienten kommen wieder und äußern sich zufrieden, festgelegte Ziele werden erreicht, gewünschte Veränderungen treten ein, Aufträge werden erfüllt, Klienten werden erfolgreich zu einer Therapie motiviert, entschuldet oder in ein Insolvenzverfahren gebracht, kommen besser als bisher zurecht oder werden in eine adäquate Einrichtung vermittelt – der einzige Unterschied zu den vorherigen Aussagen besteht darin, dass Erfolg auf *einzelne* Klienten bezogen ist, im übrigen aber erkennbare Ergebnisse als Erfolgskriterium dienen.

Das Erreichen bestimmter Ergebnisse als Erfolg anzusehen, lässt sich in allen aufgeführten Beispielen mühelos nachvollziehen. Es stellt sich nur die Frage: wäre es ein Zeichen von schlechter Arbeit oder mangelndem Erfolg Sozialer Arbeit, wenn die hier aufgezählten Effekte nicht eintreten würden oder sich nicht nachweisen ließen? Würde Erfolg *ausschließlich* am Erreichen bestimmter Ziele festgemacht, an erwünschten Ergebnissen beruflicher Anstrengung, wären Frustrationen und Grundlegungen für Burning-out vorprogrammiert. Insofern stimmt die Häufung ergebnisbezogener Gesichtspunkte bedenklich. Wichtig erscheinen uns deshalb Hinweise, dass die Qualität Sozialer Arbeit sich jenseits des Nachweises wünschenswerter Ergebnisse festmachen lässt – hierauf soll jetzt weiter eingegangen werden. In der folgenden Gesprächspassage kommt dieser Gesichtspunkt exemplarisch zum Ausdruck:

Die Rückfallquote (ist) (...) doch zu hoch.. Beruflicher Erfolg ist für mich, (...) wenn ich mein Tagespaket, (...) wenn (man) das einigermaßen über die Bühne gekriegt hat (...) (in kleinen) Häppchen. (...) Wenn man die einigermaßen vernünftig über die Bühne kriegt. Wenn dann irgendwann mal so eine Sache passiert, dass ein Patient draußen auch stabil bleibt, um so schöner ja auch. (Forensische Psychiatrie)

Hier wird deutlich: Erfolg an so hehren Ansprüchen wie „Resozialisation" zu messen, wäre in dieser Einrichtung fatal. Besser und notwendig erscheint, sich auf kleine, aber machbare Aufgaben von Tag zu Tag zu konzentrieren. Eine gelingende Resozialisierung ist dann eine besonders erfreuliche Erscheinung, muss aber wohl eher als Ausnahme denn als Regel erwartet werden. Ihr Ausbleiben bedeutet nicht automatisch eine berufliche Niederlage.

Hier wird ansatzweise auf den *Verlauf Sozialer Arbeit* abgehoben – darauf soll jetzt näher eingegangen werden.

2.2.2 Verlaufsbezogene Aussagen auf der Klientenebene

Wie schon die quantitative Verteilung der erfolgsbezogenen Aussagen (vgl. Tab. 1) gezeigt hat, gibt es deutlich weniger Aussagen über beruflichen Erfolg in der Sozialen Arbeit, die sich auf den Verlauf der Arbeit beziehen. Nur sechs derartige Passagen (= 11 %) konnten hier ermittelt werden. Einige charakteristische Beispiele sollen zunächst vorgestellt werden.

> *Sie (die Klientin) ist eine erwachsene Frau, und wie ich mit ihr umgehe, ob ich sie auch als erwachsene Frau akzeptiere oder als schwaches, hilfesuchendes Wesen, das ist schon ein Unterschied. Und wenn sie dann scheitert, (...) wenn ich dann diese Einstellung habe, dann ziehe ich mir den Schuh auch an. Und wenn ich das nicht tue, sondern sie als eigenständige Persönlichkeit sehe, dann kann ich sagen, es ist schade, dass sie diesen Weg gewählt hat, aber letztlich liegt die Entscheidung bei ihr, die Türen sind offen, sie kann wiederkommen, wenn sie möchte, und dann setzen wir noch mal an dem Punkt an, wo wir aufgehört haben.* (Betreutes Wohnen für wohnungslose Frauen)

In dieser Passage wird besonders deutlich, wie hilfreich es sein kann, sich nicht auf ergebnisbezogene Erfolgsdefinitionen zu beschränken. In dem Umfang, wie das Augenmerk auf den Verlauf der fachlichen Anstrengungen gelenkt wird, findet eine Entlastung statt: die Klientin wird als eigenständige Persönlichkeit wahrgenommen – mit der Folge, dass Fehlentwicklungen nicht von vornherein ausschließlich in die Verantwortung der Sozialen Arbeit fallen. Voraussetzung dafür ist allerdings, dass in einem geeigneten Reflexions- und Evaluationsprozess abgesichert werden kann, dass der Prozess der Zusammenarbeit fachlich stimmig und angemessen war. Erreichte Ergebnisse der oben geschilderten Art werden durch diese Sicht nicht obsolet, sie verlieren aber als ausschließliche Leitlinien ihre Vorrangigkeit:

> *(Erfolg ist,) dass das, was ich anbiete, angenommen wird und angefragt wird, und dass ich ausgelastet bin.* (Sozialpädagogische Familienhilfe)

> *Dass man ein (...) Klima herstellen kann, um mit den Klienten zusammenarbeiten zu können (...) auf gleicher Ebene, schon mit einer gewissen Distanz.* (Allgemeiner Sozialdienst)

> *Kontakt halten mit Jugendlichen, dass die Jugendlichen selbst kommen, (...) von sich aus wissen, da kann ich hingehen, und der hat ein offenes Ohr für mich (...) und das dann auch einfordern. Also von selbst darauf kommen.* (Jugendgerichtshilfe)

In diesen Auszügen aus den Transkriptionen werden wünschenswerte Ergebnisse sozialarbeiterischer Bemühungen teilweise zwar auch angesprochen, die Schwerpunkte liegen aber auf den fachlichen Begleitumständen, die die Qualität Sozialer Arbeit kennzeichnen können. Dass überhaupt Kontakt und Nachfrage sich entwickeln, dass ein kooperatives Klima entstehen kann, macht hier den Inhalt des beruflichen Erfolgs aus.

2.2.3 Aussagen zu anderen Aspekten

Wie schon ausgeführt, beziehen sich die meisten Aussagen über allgemeine Vorstellungen von beruflichem Erfolg auf Klienten (30 von 54). Einige wenige Aussagen beziehen sich auf andere Ebenen, die hier kurz vorgestellt werden sollen. Auf interne Kontaktpersonen beziehen sich sechs, auf externe Kontaktpersonen fünf Aussagen. Immerhin sieben Aussagen beziehen sich auf die persönliche Situation des Befragten (vgl. Tab. 1).

Bei den *internen* Kontaktpersonen überwiegen *verlaufsorientierte* Vorstellungen von beruflichem Erfolg. Auf interne Kontaktpersonen bezogen werden u.a. das Arbeitsklima, eine gute Teamstruktur, die Arbeitszufriedenheit, die Chancen einer Einflussnahme, die finanzielle Situation und Arbeitsplatzsicherheit angesprochen. Bei den *externen* Kontaktpersonen stehen *ergebnisorientierte* Aussagen im Vordergrund. Angesprochen werden u.a. die für die Geschäftsführung und Kostenträger wichtige Auslastung einer Einrichtung oder erfolgreiche Weitervermittlungen von Klienten, die Vernetzung mit anderen Kooperationspartnern und die Akzeptanz durch andere Einrichtungen.

Zufriedenheit, Freude, Spaß, Anerkennung und die finanzielle Absicherung sind einige Schwerpunkte von Aussagen, die sich mit der *persönlichen Situation des Sozialarbeiters* in Verbindung bringen lassen. Entsprechende Passagen aus den Interviews lauten:

> *Erfolg in der beruflichen Arbeit bedeutet für mich in erster Linie berufliche Zufriedenheit. Wenn ich mich zufrieden fühle mit dem, was ich tue, reicht mir das. Was man hinlänglich unter Karriere versteht, ist mir nicht wichtig, in erster Linie ist mir wichtig, dass ich hier zufrieden hingehe und zufrieden nach Hause gehe. (...) Mein persönliches Befinden, ob ich mich wohl fühle, das ist für mich in erster Linie mit Erfolg verbunden.* (Verbandliche Beratung für Migranten)

> *Also an erster Stelle sehe ich* mich, *dass ich zufrieden sein muss in meiner Arbeit.* (Schulsozialarbeit)

> *Erfolgreiches Arbeiten, wenn ich selber da was von habe, wenn mir die Arbeit Freude macht. Dann kann sie auch anstrengend sein, das macht nichts. Wenn als Nebenprodukt dabei auch noch für andere was dabei herum kommt, das finde ich positiv. (...) Aber primär eben auch, es muss mir Freude machen. Es muss mich reizen, es muss mich auch fordern zuweilen. Geld ist da auch wichtig, aber steht nicht*

ganz oben, sondern es sollte ein gutes Leben möglich sein dabei. (Kommunaler sozialpsychiatrischer Dienst)

Eine befriedigende soziale und psychosoziale Situation für mich (...) eine befriedigende Situation in der Arbeit. (...) Man muss Spaß daran haben, mit den Leuten zu arbeiten, (...) es macht nach wie vor Spaß. (Allgemeiner Sozialdienst)

Für mich persönlich (...), dass ich diese Anerkennung auch bekomme, dass ich da (...) kein Kontrolleur bin, sondern dass ich mehr so ein Helfer bin, dass der Bürger das auch so versteht. (Bezirkssozialdienst)

So eine Form von Karriere, Form von finanzieller Geschichte. Das ist für mich eine Form von Erfolg. Wenn es auch (...) in der Sozialarbeit verpönt ist, aber ich denke mal, es gehört dazu. (Kommunale Kindertageseinrichtung)

Dass ich in einem Beruf arbeite, den sich sehr mag und (dass) ich genug Geld verdiene, um mich am Leben zu erhalten. (...) Ich mag den wirklich gern. Ich gehöre zu den offenbar wenigen (...). (Stationäre Einrichtung der Drogenhilfe)

Manche dieser Passagen nehmen sich zunächst eigentümlich egoistisch aus, zumal sie nicht selten an erster Stelle formuliert werden. Dieser Eindruck relativiert sich schnell, wenn man bedenkt, dass die auf die persönliche Situation bezogenen Hinweise auf die eigene Zufriedenheit in aller Regel ergänzt werden durch andere Aspekte. Hinzu kommt, dass in der Tat berufliche Erfolge schwer vorstellbar sind, wenn die eigene Zufriedenheit im Sinne einer ausreichenden materiellen Ausstattung und beruflichen Zufriedenheit als Basis nicht gegeben ist.

Eine verschwindend kleine Zahl (n=5) von Aussagen lässt sich einer *gesellschaftlichen Dimension* Sozialer Arbeit zuordnen. Hier wird versucht, den Erfolg Sozialer Arbeit an der Erfüllung bestimmter gesellschaftlicher Funktionen festzumachen. Trotz der Seltenheit seien ein paar dieser Passagen kurz vorgestellt:

Ich denke immer noch (...), dass eine Gesellschaft ohne Soziale Arbeit eine ärmere Gesellschaft ist und Soziale Arbeit einfach eine wichtige Funktion hat. Zum positiven Miteinander in einer Gesellschaft. Also im Sinne von ausgleichend, befriedend (...). (Stationäre Einrichtung der Jugendhilfe)

Politisch sind sie (Sozialarbeiter) wahrscheinlich dazu da, um irgendwelche Bevölkerungsgruppen ruhig zu halten, zu versorgen (...). (Bewährungshilfe)

Das ist vielleicht auch dieses Verständnis von Sozialarbeit in der Gesellschaft, dass die ja letztendlich (...) Dinge wegschaffen sol-

len, bereinigen sollen. Und wenn diese Dinge dann passiert sind, dann wird das auch mit keinem Wort mehr erwähnt. Weil es dann vielleicht ein Erfolg gewesen ist für die Tätigkeit, für einen selber, was aber nach außen im Grunde genommen gar nicht mehr sichtbar ist. Ich denke, wenn Sozialarbeit erfolgreich ist, ist sie nicht sichtbar, und wenn Sozialarbeit nicht erfolgreich ist, gibt es überall (...) auffälliges Verhalten von Klienten (...). (Krankenhaussozialarbeit/Psychiatrie)

In der letzten Aussage kommt eine der Schwierigkeiten des Erfolgsnachweises Sozialer Arbeit zum Ausdruck: Wenn sie gut gemacht wird, fällt sie nicht weiter auf, nur wenn sie versagt, macht sie sich – allerdings negativ – bemerkbar. Die verstärkte Besinnung auf die gesellschaftliche Funktion von Sozialer Arbeit mag eine der Möglichkeiten sein, bei der Reflexion über den eigenen beruflichen Erfolg sich nicht zu stark auf die Klientenebene – und das noch in ergebnisorientierter Verengung – zu beschränken. Ähnliches gilt für eine stärkere Berücksichtigung verlaufsorientierter Erfolgskriterien und das Einbeziehen interner und externer Kooperationspartner in die Überlegungen zum beruflichen Erfolg.

2.3 Beispiele für erfolgreiche Sozialarbeit

Nach der Frage zu allgemeinen Vorstellungen über berufliche Erfolge in der Sozialen Arbeit wurden die Befragten aufgefordert, sich an eine Situation zu erinnern, in der sie einen beruflichen Erfolg errungen haben. Die Aussagen zu dieser Frage bestätigen wiederum die Dominanz der Vorstellungen vom beruflichen Erfolg auf der Klientenebene: 29 von 41 Aussagen sind hier anzusiedeln. Alle anderen Ebenen mit Ausnahme der externen Kooperationspartner (sechs Aussagen) werden nur vereinzelt angesprochen.

2.3.1 Ergebnisorientierte Erfolgserlebnisse auf der Klientenebene

Zunächst sollen Beispiele illustrieren, von welcher Art die Passagen sind, in denen die Befragten Erfolgserfahrungen berichten. Zugunsten der Vielfalt der Beispiele sind die Aussagen jeweils zusammengefasst, nur in Ausnahmefällen sind wörtliche Zitate berücksichtigt:

Es gelang, Eltern dafür zu motivieren, ihre Kinder auf der normalen Schule zu lassen, statt sie auf die Sonderschule zu schicken. (Angebote für Sinti/Roma)

Es gelang, unterschiedlichste soziale Dienste aufeinander

abzustimmen, um den Wunsch eines Ehepaares zu erfüllen, zu Hause bleiben zu können und nicht ins Heim zu müssen. (Krankenhaussozialdienst/Gerontopsychiatrie)

Durch Wohnraumanpassung konnte ein vorzeitiger Heimaufenthalt vermieden werden. (Verbandliche Beratung für alte Menschen/Wohnraumanpassung)

Nach Hinweis aus der Nachbarschaft gelang es, schnell einen Zugang zu einer alleinerziehenden Mutter herzustellen. (Allgemeiner Sozialdienst)

Bei einem Familienvater gelang es innerhalb von zweieinhalb Jahren, Schulden in Höhe von DM 50.000,- bei ungefähr 24 Gläubigern abzubauen. (Schuldnerberatung/Wohnungsnotfallhilfe)

Eine hochverschuldete Familie konnte erfolgreich an eine Schuldnerberatung vermittelt werden, mit positiven Auswirkungen auf die Familiensituation. (Mieterberatung/Wohnungsbauträger)

Es gelang nach Kampf mit Behörden, Wohnungen zu renovieren. (Angebote für Sinti/Roma)

Ein Bewerber konnte als Beikoch in einem Restaurant anfangen. (Beratung für Langzeitarbeitslose)

Ein 17-jähriger Klient konnte mit großem Aufwand und nach langer Anspannung erfolgreich in eine Ausbildungsstelle vermittelt werden. (Jugendberufshilfe)

Bei der Jahresbilanz zeigte sich, dass ein großer Prozentsatz der Jugendlichen im Betrieb Arbeit bekam. (Betriebssozialarbeit)

Ein seh- und hörgeschädigter Jugendlicher aus einer türkischen Familie konnte nach schwierigen Phasen angemessen untergebracht werden. (Stationäre Einrichtung der Jugendhilfe/Inobhutnahme)

Ein Patient nach einem Suizidversuch konnte nach Auflösung von Schwierigkeiten bei der Finanzierung adäquat in einem Heim untergebracht werden. (Krankenhaussozialdienst/Psychiatrie)

Bei einem schwierigen Fall konnte eine Wohnungsauflösung befriedigend geregelt werden. (Forensische Psychiatrie)

Die Beispiele bestätigen weitgehend die Erkenntnisse, die schon bei den Antworten zur Frage nach den allgemeinen Vorstellungen über Erfolg in der Sozialen Arbeit gemacht werden konnten: Erfolg liegt in den Augen der Befragten dann vor, wenn es einzelnen oder mehreren Klienten nach einer Intervention besser geht oder wenn es gelingt, Zugang zu Klienten zu bekommen. Bevor diese Beispiele weiter kommentiert werden, sollen die Beispiele für erfolgreiches Arbeiten vorgestellt werden, die stärker verlaufsorientierte Züge enthalten.

2.3.2 Verlaufsorientierte Erfolgserlebnisse auf der Klientenebene

Auch hier sollen zunächst ausgewählte Beispiele für erfolgreiches Arbeiten in Form von Zusammenfassungen illustrieren, welche Vorstellungen von Erfolg bei den Befragten vorhanden sind. Es handelt sich hierbei häufig nicht um Aussagen, die ausschließlich verlaufsorientiert sind – auch hier finden sich häufig Orientierungen an bestimmten Ergebnissen. Dennoch lassen sich hier tendenziell stärker verlaufsorientierte Aspekte beruflichen Erfolgs erkennen:

Es gelang, Kontakt zu einer psychisch kranken Frau aufrechtzuerhalten, sowohl in guten wie auch in belasteten Zeiten. (Betreutes Wohnen für wohnungslose Frauen)

Es wurde so gearbeitet, dass der größte Teil der Klienten aus freien Stücken kommt, nicht von Vorgesetzten oder von der Personalabteilung geschickt. (Betriebssozialarbeit)

Beim Kontakt mit einem Sonderschüler wurde durch Ermutigung und Motivierung Unterstützung gegeben, nicht aufzugeben bei der Suche nach Lehrstellen. (Verbandliche Jugendberatung)

Wenn es gelingt, ein anständiges, ordentliches, inhaltlich gutes Gespräch zu führen. (Justizvollzugsanstalt)

Ein gutes Gespräch, in dem ein isolierter Schüler mit einem anderen Schüler der Klasse in Verbindung gebracht werden konnte. (Schulsozialarbeit)

Klient begründete seine Bitte um Wiederaufnahme in Einrichtung damit, dass man ihn früher nicht zu Veränderungen gedrängt habe. (Stationäre Einrichtung der Wohnungslosenhilfe)

Es gelang, mit schwierigem Klienten allmählich Kontakt herzustellen. (Stationäre Einrichtung der Drogenhilfe)

In einem Paargespräch konnten Beteiligte über die zu Grunde liegende schwierige Rollenkonstellation ins Gespräch miteinander kommen. (Bewährungshilfe)

Etwas problematisch oder zumindest zweischneidig erscheinen Beispiele, in denen auf den andauernden Kontakt zu Klienten hingewiesen wird:

Nach einer erfolgreichen Therapie hält eine Klientin immer noch Kontakt. (Kommunaler sozialpsychiatrischer Dienst)

Leute, die schon relativ lange draußen sind, halten immer noch Kontakt. (Stationäre Einrichtung der Drogenhilfe)

Absolventen eines Jugendförderungsprogramms kommen bei Problemen immer noch vorbei. (Betriebssozialarbeit)

Ohne Zweifel kann die erfolgreiche Gestaltung einer Beziehung zu Klienten auch nach Abschluss einer Maßnahme wichtig sein (im Sinn der

Nachsorge). Problematisch könnte dies jedoch dann sein, wenn eine Klientifizierung an Stelle einer anzustrebenden Verselbständigung eintritt. Dies lässt sich aus den Interviewpassagen aber nicht zweifelsfrei erkennen.

Insgesamt zeigt sich: Die Beispiele für berufliche Erfolge sind so vielfältig wie die Arbeitsfelder und die in ihnen vorkommenden Problembereiche und beteiligten Personen. Im Unterschied zu den eher ergebnisbezogenen Beispielen lassen sich hier stärkere Hinweise auf den Verlauf der Arbeit erkennen. In dem Umfang, wie es gelingt, auch derartige verlaufsbezogene Erfolgskriterien im Auge zu behalten, schwindet die Gefahr, zu einseitig auf Ergebnisse fixiert zu sein. Wenn es gelingt, nachweislich ein fachlich gutes Gespräch mit Klienten zu führen, kann auch ein Gesprächsergebnis, das nicht als Erfolg gewertet werden kann, besser akzeptiert werden, weil zwar der Verlauf sehr stark durch den Sozialarbeiter gestaltet werden kann, das Ergebnis aber von einer Vielzahl weiterer Faktoren abhängt, nicht zuletzt von der autonomen Entscheidung des Klienten.

2.3.3 Erfolgserlebnisse auf der Ebene externer Kooperationspartner

Auch hier soll in Form von Zusammenfassungen exemplarisch ein Eindruck von den relativ wenigen Situationen gegeben werden, die die Befragten als Beispiele für Erfolge mit Bezug auf externe Kooperationspartner dargestellt haben:

> *Es gelang, über zwanzig Kooperationspartner zur Teilnahme an einem Markt der Möglichkeiten zu bewegen.* (Jugendgerichtshilfe)

> *Es gelang, eine sozialräumliche Vernetzung der Einrichtung zu schaffen.* (Mobile Freizeitangebote für Kinder)

> *Befragter erhielt eine Einladung, in einem Arbeitskreis, der sich bisher sehr skeptisch gezeigt hat, einen Vortrag über das Methadonprogramm zu halten.* (Drogenberatung)

> *Hinweis eines Jugendamtes aus der Nachbarschaft, dass die eigene Einrichtung auf Platz eins der Prioritätenliste bei Belegungen steht.* (Stationäre Einrichtung der Jugendhilfe)

> *Wenn es gelingt, beim Sozialamt einen Antrag durch zu bekommen, der nicht notwendig akzeptiert werden muss.* (Angebote für Sinti/Roma)

Es überwiegen ergebnisorientierte Aspekte beruflichen Erfolgs. Die Art des Denkens über beruflichen Erfolg ist strukturell sehr ähnlich den schon vorgestellten Ergebnissen ergebnisorientierten Denkens mit Bezug auf Klienten. Es gibt kein Beispiel, in dem Erfolg auf den Verlauf der Kooperation mit externen Kooperationspartnern bezogen wäre. Auch hier liegen gute Möglichkeiten brach, ein Bewusstsein erfolgreichen Arbeitens zu entwickeln, das sich von der Frage nach den tatsächlichen Ergebnissen etwas unabhängiger macht.

2.4 Beispiele für Misserfolg in der Sozialen Arbeit

Fast exakt die Hälfte aller Äußerungen (17 von 33), die anlässlich der Frage nach Beispielen für Misserfolge in der Sozialen Arbeit festgehalten wurden, sind *ergebnisorientierte*, auf Klienten bezogene Beschreibungen. Damit wiederholt sich auch hier die bereits mehrfach festgestellte Dominanz des ergebnisorientierten, auf Klienten bezogenen Denkens. Weitere acht Äußerungen lassen sich als zumindest tendenziell auch *Prozesse* Sozialer Arbeit einbeziehende Anschauungen von beruflichem Erfolg werten. Sechs Äußerungen beziehen sich auf interne Kooperationspartner, die übrigen Äußerungen fallen nicht weiter ins Gewicht.

2.4.1 Ergebnisorientierte Misserfolgserlebnisse auf der Klientenebene

In zusammenfassender Charakterisierung sollen Beispiele für berufliche Situationen mit Misserfolgserfahrungen vorgestellt werden, um auf dieser Basis typische Merkmale des Denkens über beruflichen Erfolg ableiten zu können.

> *Wenn Eltern ihre Kinder auf die Sonderschule schicken, obwohl dies von der Sache her nicht notwendig wäre.* (Angebote für Sinti/Roma)
>
> *Wenn Drogen konsumierende Klienten sterben – vielleicht hätte ein weiteres Angebot dies verhindern können.* (Drogenberatung)
>
> *Wenn Patienten den Hinweisen der Helfer nicht folgen und nach der Entlassung voraussehbar scheitern.* (Krankenhaussozialdienst/Gerontopsychiatrie)
>
> *Wenn eine Familie nicht motiviert werden kann, Grundsätzliches an ihrer Situation zu ändern und nach Abschluss der Zusammenarbeit alles wie vorher ist.* (Sozialpädagogische Familienhilfe)
>
> *Wenn Klienten keine ausreichende Problemeinsicht zeigen und alle Bemühungen zur Kontaktaufnahme scheitern.* (Allgemeiner Sozialdienst)

Wenn Patienten mit guten Ansätzen auf halbem Weg eine Behandlung abbrechen. (Krankenhaussozialdienst/Gerontopsychiatrie)

Wenn trotz aller Anstrengungen kein Kontakt zu einem drogenabhängigen Jugendlichen aufgebaut werden kann. (Stationäre Einrichtung der Jugendhilfe)

Wenn Gefangene nach Lockerungen und Beurlauben versagen und die günstigen Prognosen nicht eintreten. (Justizvollzugsanstalt)

Wenn ein zu optimistisches Bild vom Klienten entsteht, das dann im weiteren Verlauf der Arbeit von der Realität zerstört wird. (Beratung für Langzeitarbeitslose)

Wenn jemand trotz aller Anstrengungen sang- und klanglos aus der Einrichtung verschwindet. (Stationäre Einrichtung der Wohnungslosenhilfe)

Wenn eine Räumungsklage nicht verhindert werden konnte, weil die Information zu spät eintrifft. (Kommunaler sozialpsychiatrischer Dienst)

Wenn es nicht gelingt, einen angemessenen Heimplatz zu finden. (Forensische Psychiatrie)

Problematisch erscheint nicht, dass diese Situationen als Misserfolge erlebt wurden. Bedenklich ist, dass berufliche Misserfolge nahezu ausschließlich in Kategorien nicht erreichter Lebensveränderungen auf Seiten der Klienten buchstabiert werden – ein durchaus riskantes Unterfangen, da solche produktiven Lebensveränderungen in vielen Fällen nicht im gewünschten Umfang hergestellt werden können.

2.4.2 Verlaufsorientierte Misserfolgserlebnisse auf der Klientenebene

In deutlich geringerem Umfang werden Misserfolgserfahrungen genannt, die sich auf ein Scheitern der Zusammenarbeit mit dem Klienten beziehen. Zusammenfassungen der von den Befragten benannten Beispiele für beruflichen Misserfolg illustrieren dies:

Falsche Methode (konfrontativ statt stützend) bei einem Klienten. (Stationäre Einrichtung der Drogenhilfe)

Anzeichen für Rückfall übersehen. (Betreutes Wohnen für wohnungslose Frauen)

Fall hätte vielleicht von vornherein nicht akzeptiert werden dürfen, eventuell Hinweise auf suizidale Neigung übersehen. (Ambulante erzieherische Dienste)

Wenn durch Unaufmerksamkeiten falscher Rehabilitationsplan aufgestellt wird. (Kommunaler sozialpsychiatrischer Dienst)

Nach Abbruch eines Kontaktes: Wir haben zwei Treffen gemacht, ich habe den Eindruck gehabt, da ist eine Beziehung zustande gekommen, und die tauchen nicht mehr auf. Dann frage ich selbstkritisch: Habe ich da was falsch gemacht? Liegt es an mir? (Verbandliche Jugendberatung)

Schüler konnte nicht erreicht werden. Das wird aber nicht als Misserfolg angesehen: (...) wenn er sich so entscheidet, dann wird das einen Sinn für ihn machen. (...) für mich ist das kein persönlicher oder beruflicher Misserfolg. (...) Weil ich grundsätzlich davon ausgehe, dass meine Beratung gut ist, aber man erreicht nicht jeden. Das ist einfach Fakt. Das ist die Realität. Und da leide ich nicht drunter. (Schulsozialarbeit)

Insbesondere bei der zuletzt aufgeführten Passage lässt sich die Chance des Denkens in Verlaufs-Kategorien erkennen: Die Befragte etikettiert eine berufliche Erfahrung, die auf der Ebene des Ergebnisses eindeutig einen Misserfolg darstellt, ausdrücklich nicht als Misserfolg, da sie den Verlauf als qualifiziert einschätzt. Die Verantwortung für das unerfreuliche Ergebnis trägt daher überwiegend der Klient.

2.4.3 Misserfolgserlebnisse auf der Ebene interner und externer Kooperationspartner

Eine andere Möglichkeit, die Fixierung des Erfolgsdenkens auf Klienten zu relativieren, wird von einigen Befragten durch Hinweise auf Misserfolgserlebnisse im Umgang mit internen und externen Kooperationspartnern zur Sprache gebracht. Auch hier seien Zusammenfassungen als Beispiele vorgestellt:

In einem Arbeitskreis gelingt es nicht, Kollegen für ein Projekt genügend zu motivieren. (Kommunale Kindertageseinrichtung)

Die Ärzte der Einrichtung akzeptieren die Tätigkeit des Sozialdienstes nicht , missbrauchen ihn für diverse Aufträge, für die der Sozialdienst eigentlich nicht zuständig ist. (Krankenhaussozialdienst/ Psychiatrie)

Stellenwert der Sozialarbeit wird im Betrieb nicht genügend gewürdigt. (Betriebssozialarbeit)

Unternehmensentscheidungen konnten nicht genügend beeinflusst werden. (Mieterberatung/Wohnungsbauträger)

Einsatz gegen Stellenabbau bei Leitungsebene hat nicht gewünschten Erfolg. (Verbandliche Beratung für Migranten)

Wenn es nicht gelingt, Kollegen für neue Ziele zu motivieren. (Mobile Freizeitangebote für Kinder)

Mangelnde Anerkennung stadtteilbezogener Gemeinwesenarbeit durch Kollegen. (Jugendgerichtshilfe)

Wenn Pflegekasse bei Alzheimer-Kranken ungenügende Einstufung in Pflegeklasse vornimmt. (Verbandliche Beratung für alte Menschen/Wohnraumanpassung)

Hier wird sichtbar, dass die Misserfolgserfahrungen wiederum überwiegend ergebnisorientiert wahrgenommen werden. Dabei böten sich gute Chancen, mit einer stärkeren Fokussierung der prozessualen Aspekte nicht vermeidbare Misserfolgserlebnisse auf der Ergebnisebene zu relativieren und vermehrt vorhandene Qualitäten eigenen Handelns nachweisbar zu machen.

3. Klientenbezogene Erfolge: Ergebnisorientierung

3.1. Normalisierung von Problemverhalten

Soziale Arbeit ist stets Teil gesellschaftlicher Ordnungspolitik. Ihr gesellschaftlicher Auftrag ist neben der Förderung und Unterstützung von Prozessen der Identitätsbildung stets auch die Bearbeitung und die Normalisierung solcher Verhaltensweisen, die als „sozial unangepasst", „störend", „schädlich" wahrgenommen und bewertet werden. Soziale Arbeit ist auf diese Weise integraler Bestandteil der gesellschaftlichen Kontrollpraxis.

Unsere erste Frage nach ergebnisorientierten Erfolgswahrnehmungen bezieht sich auf das Gelingen dieses gesellschaftlichen Normalisierungsauftrags. Die Auswertung der Interviews (32 Nennungen) ergibt ein gespaltenes Meinungsbild: (1) Auf der einen Seite die Gruppe der Interviewpartner, die diesen Normalisierungsanspruch befürworten (Normalisierung als beruflicher Selbstanspruch und als akzeptierter institutioneller Auftrag) und die das Gelingen der pädagogischen Normalisierungsarbeit im Vollzug der individuellen Fallbearbeitung als beruflichen Erfolg verbuchen. (2) Auf der anderen Seite hingegen die Gruppe derer, die diesem Normalisierungsanspruch kritisch-ablehnend gegenüberstehen und auch Lebensentwürfen und sozialen Handlungsmustern, die aus den Toleranzzonen der Normalität herausfallen, eine akzeptierende Grundhaltung entgegen bringen. Hier ein differenzierender Blick auf diese beiden „Meinungslager".

3.1.1 Akzeptanz des Normalisierungsanspruchs

In den Aussagen der Interviewpartner, die den Normalisierungsanspruch für die eigene Institution und die eigene Professionalität akzeptieren, spiegelt sich eine „stille" Normativität: Zwischen den Zeilen formulieren sie Maßstäbe einer wünschenswerten Normalität, deren Erreichen sie als beruflichen Erfolg verbuchen. Diese Maßstäbe beziehen sich zunächst einmal und insbesondere auf die Arbeitsbiographie der Klienten, konkret: auf deren Bereitschaft und Fähigkeit, *den Reglements des*

Arbeitsmarktes nachzukommen und auf diese Weise eine „Normalarbeitsbiographie" zu leben (Erwerb von basalen Berufsqualifikationen und Arbeitskompetenzen, Integration in den Arbeitsmarkt nach z.T. langfristiger Arbeitslosigkeit, Verbleib im Arbeitsplatz auch in Zeiten der Belastung).

> *Wir versuchen für alle Leute, die in der Beratung* (durch die Betriebssozialarbeit, d.Verf.) *sind, den Arbeitsplatz zu erhalten. Das ist zunächst einmal unser primäres Anliegen. Wenn wir allerdings in der Beratung feststellen, dass die Arbeitsbedingungen für diese Person krankmachend sind und wir diese Arbeitsstrukturen nicht verändern können, dann ist es für uns wichtig, dass wir den Mitarbeiter unterstützen, dass er einen anderen Arbeitsplatz findet, bis hin zu dem Gedanken, dass wir uns auch um externe Lösungen bemühen. Aber zunächst erst mal gilt – und das ist für uns ein Erfolg – wenn jemandem, der in schweren Situationen ist, beruflich, familiär oder persönlich, dass wir dann dafür Sorge tragen, dass diese Probleme seinen Arbeitsplatz und seine Arbeitsfähigkeit nicht gefährden.* (Betriebssozialarbeit)

> *Ich kann sagen: Wichtig ist für mich die Integration in die Arbeitswelt, Trockenbleiben, da ist natürlich dieses normative Element tragend. (...) Gerade bei den noch zu therapierenden Alkoholkranken ist dies ganz wichtig. So sieht es ja auch die Versicherungsverordnung vor, Rehabilitation als Wiederherstellung der Arbeitsfähigkeit.* (Kommunaler sozialpsychiatrischer Dienst)

> *(...) Arbeitsaufnahme und Verbleib in der Arbeit – das ist für mich ein ganz starker Erfolg.* (Beratung für Langzeitarbeitslose)

Maßstab einer wünschenswerten Normalität ist des weiteren aber auch die Fähigkeit des Klienten, den Reglements eines (relativ) konfliktfreien Wohnens nachzukommen. Gelingt es den Sozialen Arbeitern, diese „Wohnfähigkeiten" an Problemgruppen des Wohnungsmarktes zu vermitteln, so werten sie dies als beruflichen Erfolg.

> *Für mich ist es ein Erfolg, wenn ich bei einer Klientin eine Art von Schadensbegrenzung einleiten kann, d.h. sie kann sich in ihrer Welt zurecht finden, in den sozialen Bezügen, die notwendig sind, um eine Wohnung zu halten. (...) Nicht saufend und lallenderweise im Treppenhaus zu sitzen und dann die Wohnung wieder zu verlieren, sondern sich einigermaßen den Gegebenheiten „anzupassen" – das ist für mich ein Erfolg. Sie muss sich mit ihrem Verhalten auseinandersetzen, so dass es ihr möglich ist, einzusehen, dass es andere Lösungsmöglichkeiten gibt und dass sie dadurch ihre Wohnung halten kann, ihre Arbeit halten oder mit anderen leben kann, ohne wieder die Erfahrung machen zu müssen,*

weggeschickt und ausgegrenzt zu werden. (Betreutes Wohnen für wohnungslose Frauen)

Es kommt zu Obdachlosigkeit, wenn Mieten nicht gezahlt werden, es kommt zum Verlust des Arbeitsplatzes, wenn Gläubiger Lohnpfändungen anstreben. Von daher ist es ein Ziel unserer Arbeit, dieses Verhalten, Mieten nicht zu bezahlen und Haushaltsausgaben nicht zu planen, zu korrigieren. (Schuldnerberatung/Wohnungsnotfallhilfe)

Probleme kommen vielfach in wirtschaftlichen Dingen zum Ausdruck. Wenn z.B. jemand zahlungsunfähig wird oder seine Rechtsansprüche gegenüber dem Sozialamt nicht geltend macht, dann tritt sehr schnell Wohnungsverlust und Obdachlosigkeit ein. In diesen Fällen kommt das Sozialamt oder der Klient auf mich zu. Hier gilt meine Arbeit dann einer Verstetigung von Problemlösungen. (Mieterberatung/Wohnungsbauträger)

Neben „Normalarbeitsbiographie" und „Wohnfähigkeit" beziehen sich die benannten Normalisierungsansprüche insbesondere auf die Bearbeitung solcher Verhaltensweisen, die „sozial unangepasst" sind und in relevanten Beziehungen Konflikte produzieren. Als Erfolg der eigenen Arbeit wird hier zweierlei verbucht:

(1) Der pädagogische Mitarbeiter spiegelt dem Klienten sein proble-matisches Handeln, d.h. er kommuniziert seinem Gegenüber die Fremdwahrnehmung dieses Verhaltens, er gibt Rückmeldungen, verdeutlicht Beziehungskonsequenzen und vermittelt dem Betroffenen auf diese Weise eine vertiefte Sensibilität für die Wirkweise des eigenen Handelns („eine angemessene Eigenwahrnehmung vermitteln"). Und: (2) Ergebnis des pädagogischen Kontrakts ist die dauerhafte Korrektur problematischer Verhaltensmuster und die Einübung des Klienten in ein „sozial verträgliches" und somit weniger konfliktbelastetes Verhaltensprofil. Hier einige Interviewpassagen, die das pädagogische Interesse an einer solchen verhaltensbezogenen Normalisierung bekunden:

Ich denke, fast alle Klienten, die hier hereinkommen – über neunzig Prozent kommen direkt aus der Justizvollzugsanstalt mit fünf, sechs und mehr Jahren Hafterfahrungen, das Gros zwischen 25 und 35, also noch relativ jung und trotzdem haben sie einen großen Teil ihres Lebens hinter Gittern verbracht – für alle ist es wichtig, ein neues Konfliktverhalten zu erlernen, aber auch zu lernen, sich an Vorgegebenes anzupassen, sprich an gesellschaftliche Normen, unter denen sie leben müssen, und unter denen sie z.T. auch leben wollen. (Stationäre Einrichtung der Drogenhilfe)

Der Knast ist nun einmal ein ganz rigider Raum. Von daher denke ich, dass die Inhaftierten sehr hart darauf gestoßen werden, dass man sozial angepasstes Verhalten an den Tag legen muss. (...) Ich bin der Meinung, als (Lachen) „anständiger" Sozialarbeiter sollte ich versuchen, den Menschen, mit denen ich es zu tun habe, die Befähigung zu vermitteln, dass sie erkennen, in welcher Situation sie sich befinden, welche Sachen machbar, welche nicht machbar sind und welche Konsequenzen folgen. Wenn mir das gelingt, dann ist das Erfolg. (...) Hier sind Leute, die haben Wertvorstellungen und Lebensvorstellungen, die so ganz anders sind als meine eigenen, wir kommen aus unterschiedlichen Welten. Wenn mir dann gelingt, dass ich eine Sprache und eine Art finde, dass wir uns über das Hier und Jetzt verständigen können und zugleich Perspektiven dafür entwickeln können, wie er sein Leben bewerkstelligt, dann ist das ein erfolgreicher Einstieg. Und wenn ich das noch übertragen könnte auf das, was auf ihn wartet, wenn er hier wieder weggeht, dann wäre das super erfolgreich. (Justizvollzugsanstalt)

Normalisierung von Problemverhalten – das spielt in meiner Alltagsarbeit schon eine Rolle. Wir arbeiten mit Kinder und Jugendlichen, die in der Regel verhaltensauffällig sind, und unser Ziel ist es schon, diese Auffälligkeiten umzuwandeln in ein angepassteres Verhalten. Wenn z.B. ein Kind in der Schule dauernd seine Mitschüler angreift, seine Konflikte mit Schlagen löst, dann wäre es mein Ziel, dem Kind deutlich zu machen, dass das nicht der richtige Weg ist, und ich würde ihm andere Verhaltensweisen anbieten. (Ambulante Erzieherische Dienste)

Wir haben als Drogenberatung eine gemischte Trägerschaft. Die finanziellen Träger bestehen aus Stadt, Land und Diakonischem Werk. Und alle drei Träger haben das Interesse, dass die Zielgruppe, mit der wir arbeiten, ein einigermaßen angepasstes Problemverhalten zeigt. Das wird oft daran festgemacht, dass eben nicht in der Öffentlichkeit konsumiert wird, dass Ladendiebstähle und Beschaffungskriminalität reduziert werden, dass die Anzahl der Todesfälle aufgrund von Drogenkonsum möglichst zurück gehen sollten. Das ist einer meiner Arbeitsaufträge, und wenn ich das schaffe, dann ist das für mich beruflicher Erfolg; das wird mir als solcher anerkannt, dann sind wir als Drogenberatung erfolgreich. (Drogenberatung)

Normalisierung von Problemverhalten – davon ist auch die Reputation abhängig, die wir nach außen genießen, das ist der Auftrag, an dem unsere Arbeit gemessen wird. (...) (Normalisierung) ist im Grunde genommen die Basis unserer Arbeit. (...) Aber es geht nicht nur darum, schlichtweg Defizite zu reparieren, sondern zunächst einmal darum, ei-

nen Zugang zu finden und die vorhandenen Stärken aufzufinden. Unsere Kinder und Jugendlichen leiden in aller Regel an absolut nicht vorhandenem Selbstwertgefühl, und dies müssen wir in der pädagogischen Arbeit erst rekonstruieren. (Stationäre Einrichtung der Jugendhilfe)

Während in der Mehrzahl der hier präsentierten Zitate der Normalisierungsanspruch tragendes Element des Professionsverständnisses der Befragten ist, dokumentieren die beiden letzten Interviewauszüge eine eher distanzierte Sicht der Dinge: Die Befragten verweisen darauf, dass die Normalisierung von Problemverhalten ein *expliziter institutioneller Auftrag* ist (Interesse der Träger an Normalisierung, Ordnungsinteresse der Öffentlichkeit, die Sorge um die Reputation der Einrichtung bei Nicht-Erfüllung dieser Fremdansprüche), den zu erfüllen zum notwendigen Repertoire des eigenen Berufshandelns gehört.

Die weiteren Aussagen, in denen eine Normalisierung problematischer Verhaltensmuster als beruflicher Erfolg gewertet wird, beziehen sich auf solche Fälle, in denen es dem Sozialarbeiter gelingt, Betroffenen handlungsrelevante soziale Kompetenzen zu vermitteln und ihnen durch Rückgriff auf dieses Kompetenzreservoir ein konfliktfrei(er)es *Beziehungsmanagement* möglich zu machen.

Konfliktlösungen lernen, um so Wohnung, Arbeit, Beziehungen halten zu können. (Betreutes Wohnen für wohnungslose Frauen)

(...) das Trainieren von sozialen Fertigkeiten insbesondere bei Sonderschülern, um ihnen so die Chance zu vermitteln, ernst genommen zu werden (...). (Verbandliche Jugendberatung)

Erfolg ist (...) die Integration eines Problemschülers in die Lerngruppe. (Schulsozialarbeit)

Die Jungen lernen mit den Eltern gemeinsam mit Beziehungsproblemen anders umzugehen. (Stationäre Einrichtung der Jugendhilfe/Inobhutnahme)

3.1.2 Abkehr vom Normalisierungsanspruch

Ein zweites Meinungslager (zehn Nennungen) steht dem Normalisierungsauftrag von Sozialer Arbeit ablehnend-kritisch gegenüber. Normanpassung und „gutbürgerliches Wohlverhalten" sind hier kein Dokument für beruflichen Erfolg. In den Aussagen, die dieser Position zuzurechnen sind, wiederholen sich folgende Argumentationslinien: Die Befragten verweisen (1) auf *die Relativität aller normativen Maßstäbe* (z.B. „Ich muss dem Klienten nicht meine Lebensideale und meine Vorstellungen von bürgerlichen Werten und Normen aufdrängen," Bewährungshilfe). Sie betonen des weiteren (2) *das Selbstbestimmungsrecht der*

Adressaten Sozialer Arbeit, das u.U. bis hin zur Ablehnung der angebotenen institutionellen Hilfen reichen kann (z.B. dass sie für sich selber entscheiden: „Das mach ich und das mache ich nicht", Jugendamt). Konsequenz einer solchen, auf Eigenverfügung und Selbstbestimmung gerichteten pädagogischen Grundhaltung ist *eine grundlegende Akzeptanz* auch gegenüber solchen Lebensentwürfen, Verhaltensmustern und Identitätskonstruktionen, die die Grenzen einer „gewohnten Normalität" überschreiten. Der Normalisierungsauftrag der Sozialen Arbeit rückt hier in der Beziehungsarbeit in den Hintergrund. Leitend für die pädagogische Arbeit ist vielmehr ein grundlegender und unteilbarer *Respekt vor dem Eigen-Sinn* des Klienten. Hiermit verbunden ist ein weiterer Aspekt: (3) die Aufforderung, nicht allein die Korrektur von Unangepasstsein auf die pädagogischen Fahnen zu schreiben, sondern (auch) *die Stärken und die verbleibenden Bewältigungskompetenzen* der Adressaten in den Blick zu nehmen und auf diese Weise den Erfolg beruflichen Handelns am individuellen Wohlergehen und am Zugewinn von Selbstbewusstsein und Eigenverantwortung zu bemessen.

Was ist schon normal? Für mich ist es normal, dass ich ein Wohnzimmer, ein Schlafzimmer und eine Küche habe und einen Balkon. Für eine andere Frau ist es normal, dass sie in ihrer Wohnung Platte macht, nur mit einem Schlafsack kampiert und kein Bett benutzt. Und solange da nicht die Maden herumkriechen und sie damit leben kann, ist es o.k. Ich muss ihr nicht mein Lebensziel aufdrängen und meine Lebensideale. Solange sie ihre Wohnung nicht verliert, ihre Miete zahlen kann und sich in ihren vier Wänden einigermaßen wohlfühlt, ist das o.k. (Betreutes Wohnen für wohnungslose Frauen)

Ich denke, jede Familie ist anders, jeder Mensch ist anders. Ich verstehe meinen Arbeitsauftrag so, dass ich die Palette meiner Angebote einbringe, so dass die Eltern die Möglichkeit haben, die für sie passenden Angebote auszuwählen. Dass sie also für sich selber entscheiden, das mache ich, das mache ich nicht. Ich kann auch gut akzeptieren, wenn sie diese Hilfen nicht annehmen. (...) Ich möchte ihnen das nicht aufsetzen, denn das macht keinen Sinn. Aber ich erwarte, dass sie sich die Möglichkeiten zumindest anhören, und ich versuche natürlich, sie für die Hilfen zu gewinnen. (Bezirkssozialdienst)

Wenn ich feststelle, es täte dieser Person nicht gut, so ganz in die Norm hinein zu passen, dann würde ich diese Person brechen, das Besondere zerstören, wenn ich mit der Normalisierungsarbeit fortfahre. (...) Ich kann hier einmal ein Beispiel geben: Wir haben häufig behinderte Kinder bei uns zu Besuch, die sehr verhaltensauffällig sind, häufig auch Schwierigkeiten mit anderen Kindern haben. Diese Kinder haben aber andere Fähigkeiten – eine sensible Wahrnehmung und Einschätzung anderer Menschen. Würde ich diese Kinder dazu zwingen, sich so zu verhalten wie alle anderen Kinder, dann würde diese Sensibilität verlorengehen, und das ist ein kostbares Gut, das dieses Kind hat. Und dieses Gut ist nicht nur für dieses Kind verloren, es ist auch für alle anderen verloren. Es wäre für mich daher kein Erfolg zu sagen, also ich habe dieses Kind jetzt in eine normale Schiene gebracht. (...) Ich will ja nicht alle gleich haben. Ich bin ja auch nicht gleichzusetzen mit jedem anderen. Also jemanden zu brechen, nur um ihn in den Toleranzrahmen der Normen einzuspannen – das wäre für mich kein Erfolg. (Mobile Freizeitangebote für Kinder)

Erfolg ist für mich, wenn ich darum weiß, dass die Sozialisation von Kindern durch meinen Einsatz gelingt. Weniger ehrgeizig bin ich (Lachen) im Hinblick auf überkommene Vorstellungen von bürgerlichen Werten und Normen, die ich gelegentlich noch bei Grundschullehrerinnen oder auch bei Erzieherinnen in Kindergärten vorfinde – das ist mir egal. Dass sich z.B. Jungen körperlich anders zeigen, als es einem lieb ist, und die Ruhe stören – das muss man zwar verfolgen, damit sich das nicht auswächst, aber dies ist für mich noch lange kein Fall von Verwahrlosung, wie das so manchmal in Meldungen heißt, die an mich heran getragen werden (...). (Allgemeiner Sozialdienst)

Also ich denke nicht, dass wir in unserer Arbeit unsere Klienten normalisieren wollen. Dies ist ein Aspekt, den wir in den wöchentlichen Teamsitzungen immer mit einbeziehen: Es geht nicht darum, die Klienten oder die Familien angepasster zu machen. Sondern es geht hier um das ganz individuelle Wohlergehen von Kindern. (...) Natürlich hat jeder Mitarbeiter und jeder Mensch seine eigenen Normvorstellungen und misst auch seine Arbeit an diesen Normstandards – diese Subjektivität kann man nicht ausschließen. Aber wie gesagt, das ist auch ein Thema, das in der Praxisberatung/-begleitung immer wieder auf die Tagesordnung kommt. (Sozialpädagogische Familienhilfe)

Zum Abschluss zwei Zitate, in denen ein letzter Aspekt deutlich wird. Einer systemischen Sicht folgend betonen die befragten Sozialarbeiter *die Funktionalität des fehl angepassten und abweichenden Verhaltens.* Soziale Auffälligkeit wird hier also nicht als (störendes) Merkmal der Person wahrgenommen. Sie erscheint vielmehr als funktionales und stabilisierendes Element einer eingespielten Interaktion, die keine angepasste Beziehungslösung zulässt.

Normalisierung von Problemverhalten – ich glaube, das ist nicht mein vorrangiges Ziel. Vielfach – gerade in belasteten Lebensbe-

dingungen – kann es sehr funktional sein, dass ein Jugendlicher ein unangepasstes Verhalten zeigt. Auf der anderen Seite – ich spreche jetzt von meinen Sonderschülern: Damit diese sozialbenachteiligten Jugendlichen überhaupt eine Chance haben, ernst genommen zu werden, muss ich ihnen helfen, gewisse soziale Fertigkeiten zu trainieren – Techniken, die ihnen die Chance vermitteln, in positiver Weise wahrgenommen zu werden. (Verbandliche Jugendberatung)

Wenn Kinder und Jugendliche Probleme machen, (...) dann hat das einen Sinn – es hat einen Grund, so dass sie sich gar nicht anders entscheiden können, als sich genau so zu verhalten. Und manchmal ist es schädlich, ihnen das wegzunehmen. (...) Ich muss immer wieder neue kleine Ziele stecken, die einen von Erfolg zu Erfolg führen. Ich bin manchmal schon froh, wenn Kinder überhaupt erst mal nur ankommen bei mir. Wenn sie sich ansprechen lassen und es zehn Minuten hier aushalten, das ist dann schon ein Erfolg. (Schulsozialarbeit)

3.2 Materielle Verbesserung der Lebenslage

Materielle Verbesserung der Lebenslage? Ja natürlich, (Lachen) *das kann ich rundweg mit ja beantworten, das ist ein großer Erfolg. Wenn jemand Arbeit bekommt, die er vorher nicht hatte, wenn er eine angemessene Wohnung bekommt, wenn er ein höheres Einkommen erzielt, dann freue ich mich, weil ich weiß, dass der Klient dann auch zufriedener wird.* (Ambulante erzieherische Dienste)

Eine signifikante Verbesserung der materiellen Lebenslage – dies dokumentiert das hier wiedergegebene Zitat – ist für die Mehrzahl der befragten Sozialarbeiter eine Lebensveränderung, die auf dem Erfolgskonto verbucht werden kann. Zwar gehört die Beratung in Sachen Existenzsicherung (Vermittlung, Beantragung, Gewährung von materiellen Hilfen, insbesondere Sozialhilfe), zählen Schuldnerberatung und die Vermittlung weiterer gesetzlich garantierter sozialer Dienstleistungen zum „Alltagsgeschäft" jedweder Sozialen Arbeit. Und dennoch: Dort, wo es im Verlauf von Betreuungsprozessen gelingt, den Klienten existenzsichernde und -unterstützende Hilfen zu vermitteln (im Sinne eines materiellen Unterstützungsmanagements), dort erleben sich die Praktiker der Sozialen Arbeit unmittelbar als erfolgreich und erfahren den Dank und die Anerkennung ihrer Adressaten.

In den dieser Kategorie zurechenbaren Aussagen spiegelt sich eine einfache alltagstheoretische Gleichung: Eine brüchige Existenzgrundlage, mangelnde finanzielle Verfügungskraft in Alltagsdingen, ein kaum in die Zukunft hinein reichender finanzieller Planungshorizont – alles dies ist in der Einschätzung der Befragten ein Stresspotenzial, das sich belastend sowohl auf die subjektive Lebenszufriedenheit als auch belastend auf die familiären Beziehungsstrukturen niederschlägt. Berufliche Beiträge zu einer Verbesserung der materiellen Ausstattung der Klienten sind ihnen daher stets auch Beiträge zu einem Mehr an personaler und sozialer Lebensqualität.

3.2.1 Existenzsicherung und Schuldenregulierung

Die Mehrzahl der Nennungen, die beruflichen Erfolg in Kategorien einer materiellen Besserstellung vermessen, beziehen sich auf gelingende Verfahren der Schuldenregulierung. Die rechtliche Prüfung von Gläubigeransprüchen, die Entwicklung eines strukturierten Entschuldungsplans und dessen schrittweise Umsetzung, der Abschluss von Vergleichen und Schuldenerlassen, die Budgetierung und strukturierte Verausgabung des verfügbaren Familieneinkommens u.a.m. – dies alles sind für die Befragten Beiträge zu einem materiellen Unterstützungsmanagement, das in unmittelbarer Weise Lebensbelastungen abfedert und Entlastung schafft.

> *Ich habe es sehr häufig mit Sozialhilfeempfängern zu tun, für die eine Verbesserung der materiellen Lebenssituation eine notwendige Existenzsicherung bedeutet. Diese Klienten haben in der Regel überhaupt kein Geld, um Schulden zu zahlen. Sie erliegen aber oft dem Gläubigerdruck und zahlen im Monat 200, 300 Mark und mehr von ihrer Sozialhilfe. Hier sehe ich es als meine Aufgabe, sie über ihre Verpflichtungen aufzuklären und ihnen zu sagen, dass so etwas wie Miete, Lebensunterhalt und Strom absoluten Vorrang hat und dass Gläubiger auch einmal warten können, bis sich ihre finanzielle Situation verbessert hat. Also Existenzsicherung – das Stichwort fällt mir hier ein. Ebenso das Schuldenbereinigungsverfahren, d.h. einen Plan aufzustellen und sukzessive Schulden zu tilgen – solche einfachen Techniken sind oft schon hilfreich, um die Familien finanziell zu stabilisieren, so dass dann die Miete gezahlt werden kann und genügend Essen auf den Tisch kommt und Stromschulden nicht wieder auflaufen, solche Geschichten. Das ist hier mein tägliches Brot.* (Schuldnerberatung/Wohnungsnotfallhilfe)

> *Ein großer Teil unserer Beratung ist die Beratung von verschuldeten Mitarbeitern, und da geht es einfach darum, die materielle Situation zu verbessern. Ca. 20 % unserer Beratung gilt der Beschäftigung mit diesem Thema. Insbesondere bei Mitarbeitern, die im unteren Tarifbereich arbeiten, spielen finanzielle Probleme immer wieder in die*

Beratung mit hinein. (...) Wenn uns jemand berichtet, ich komme mit meinem Einkommen in irgendeiner Art und Weise nicht aus, ich überziehe ständig mein Konto, dann gehen wir im Rahmen der Schuldnerberatung auf diese Dinge ein und versuchen, diesen finanziellen Druck zu vermindern. Die Verminderung materieller Belastungen ist ein unverzichtbarer Anteil einer ganzheitlichen Beratung. Und dann ist es sicherlich ein Teilerfolg, wenn ich einen Mitarbeiter in diesem Aspekt entlasten kann. (Betriebssozialarbeit)

Schuldenregulierung – d.h. wir verhandeln mit Gläubigern, und wenn wir einen Vergleich geschlossen haben, dann freue ich mich immer total. Also: Dass das geklappt hat und die Bewohner dann irgendwann schuldenfrei sind. (Stationäre Einrichtung der Wohnungslosenhilfe)

Wir arbeiten mit den Familien an der Einteilung von zur Verfügung stehenden Mitteln, d.h. wir geben Hilfestellung bei der Budgetierung der eigenen Mittel, erstellen Haushaltspläne und dergleichen mehr. Das ist ein Nebenaspekt meiner Arbeit, aber es macht sich direkt positiv bemerkbar, wenn die Leute mehr Geld in der Tasche haben. (Mieterberatung/Wohnungsbauträger)

3.2.2 Vermittlung von gesetzlich garantierten Sozialleistungen

Soziale Arbeit ist aber nicht nur in der unmittelbaren Bearbeitung von Schulden erfolgreich. Die hier genannten Definitionen von beruflichem Erfolg beziehen sich des weiteren auch auf die Vermittlung von gesetzlich garantierten Sozialleistungen, die durch andere Träger der kommunalen Dienstleistungslandschaft (Sozialamt, Jugendamt, Pflege- und Krankenversicherung, Wohnungswirtschaft) erbracht werden. Die Befragten sehen sich hier in unterschiedlichen Rollen: Sie liefern (1) Information und Aufklärung über garantierte Sozialleistungen und hiermit verbundene Anspruchsvoraussetzungen, sie sind (2) Wegweiser im Dickicht von institutionellen Verfahren und amtlichen Zuständigkeiten und sie sind (3) Advokaten und parteiliche Fürsprecher für ihre Klienten immer dann, wenn rechtliche Ermessensspielräume und Dienstleistungsumfänge strittig sind und von der dienstleistenden Einrichtung restriktiv interpretiert werden. Hier einige ausführliche Zitate, in denen die Inanspruchnahme von Leistungen der Sozialhilfe, der Jugend- und Familienhilfe sowie der Pflege- und Krankenversicherung thematisiert wird.

Sozialhilfe, Arbeitslosenhilfe, Jugendhilfe:

Erfolg mache ich daran fest, dass die Frauen für die Wahrnehmung ihrer persönlichen Rechte eintreten – vor allem im Bereich der lebensnotwendigen Grundversorgung. Dass die Bewohnerinnen in der Lage sind, beim Sozialamt ihre Rechte einzufordern, dass sie beim Arbeitsamt Anträge auf Arbeitslosengeld und Arbeitslosenhilfe stellen oder sich regelmäßig melden, damit die Zahlungen nicht eingestellt werden – das ist durchaus ein Erfolg. (Betreutes Wohnen für wohnungslose Frauen)

Das ist ein sehr mühseliges Unterfangen – Menschen in verwaltungsrechtlichen Belangen, in Konfliktstellungen mit dem Sozialamt unter die Arme zu greifen. D.h. ihnen Hinweise geben, wie sie auftreten sollten, wie sie Ansprüche durchsetzen können und dergleichen mehr. Das ist ein mühseliger und zäher Prozess. (Mieterberatung/Wohnungsbauträger)

Also ich kenne Kinder, deren Familien existieren an der Armutsgrenze. Was das für ein schwieriges Leben ist, und was das auch für die Kinder bedeutet, nämlich einfach ein sehr hoher Stresspegel. (...) Angesagt ist hier die Zusammenarbeit mit Sozialamt oder Jugendamt. Wenn ich z.B. im Gespräch erfahre, dass da eine Familie Sozialhilfeempfänger ist und von der Sozialhilfe noch viele Schulden bezahlt werden müssen, dann kann ich den Eltern Anstöße geben, weitere Hilfen einzufordern. Da noch einmal genau mit der Jugendhilfe oder dem Sozialamt zu gucken, was an Verbesserungen möglich ist. Da stößt man dann aber auf mehr oder weniger Erfolg (Lachen) bei den Behörden. (Schulsozialarbeit)

Pflegeversicherung und Krankenversicherung:

Unser Eintreten für die Belange der Senioren konzentrieren wir nicht nur auf deutsche Senioren, weil inzwischen auch ausländische Senioren, die erste Generation, hier alt wird und hier auch bleibt – insbesondere die türkischen Senioren, weil die Pflegeversicherung in der Türkei als Nicht-EU-Land nicht greift. Von daher ist es der erste Schritt in der Auseinandersetzung mit diesem Personenkreis, für eine Verbesserung der materiellen Lebenslage einzutreten, da diese Menschen die Möglichkeiten der Pflegeversicherung bisher überhaupt nicht kennen, obwohl sie auch dort Zwangsmitglied sind und eingezahlt haben. Von daher ist es für meine türkischen Kolleginnen und Kollegen immer ein Erfolg, wenn sie diesem Kundenkreis eine materielle Besserstellung in der Pflege ermöglichen. (Verbandliche Beratung für alte Menschen/Wohnraumanpassung)

Da wir hier im Krankenhaus sind, ist für uns die Absicherung und d.h. in erster Linie der Krankenversicherungsschutz immer ein Thema. Das sind Dinge, die wir überprüfen und wenn nicht vorhanden, versuchen wir, uns mit den Kassen auseinander zu setzen. Das ist schon ein Erfolg, wenn man es schlussendlich geschafft hat, einen Patienten wieder in eine Krankenversicherung hinein zu bekommen oder die Absicherung über das Sozialamt und gleichzeitig die grundlegende Lebenssicherung für ihn erreicht hat. (Krankenhaussozialdienst/Psychiatrie)

3.2.3 Wohnungsvermittlung und Wohnraumanpassung

Verbesserung der Lebenslage lässt sich schließlich auch im Hinblick auf die Wohnsituation der Klienten der Sozialen Arbeit realisieren. Erfolgreich erleben sich die befragten Sozialarbeiter dort, wo es ihnen gelingt, Problemgruppen des Wohnungsmarktes (Strafentlassene, langfristig wohnungslose Menschen, alte Menschen mit Behinderungen) geeigneten und bezahlbaren Wohnraum zu vermitteln. Der Abschluss eines Mietvertrages auf dem „ersten" Wohnungsmarkt und das konfliktfreie Fortbestehen dieses Mietverhältnisses ist ihnen Erfolg. Erfolg erleben sie aber auch dort, wo insbesondere bei älteren Menschen aufgrund eines veränderten gesundheitlichen Status' (körperliche Behinderung, Pflegebedürftigkeit, Demenz u.a.m.) bestehende Ansprüche auf Wohnungsanpassung erfolgreich eingelöst werden können und diese Menschen trotz zum Teil gravierender gesundheitlicher Einschränkungen in ihrem gewohnten alltäglichen Lebensumfeld verbleiben können.

Die Wohnungssuche ist immer eine gemeinsame Aktion – und dann freut es mich auch immer, wenn wir eine Wohnung gemeinsam gefunden haben und der Bewohner dann später dort auch einziehen kann. Das ist für mich ein großer Erfolg. (Stationäre Einrichtung der Wohnungslosenhilfe)

Wir sind hier achtzehn Jahre lang eine Untersuchungshaftanstalt gewesen, die an das hiesige Amtsgericht angegliedert war. Und die Leute, die hier eingesessen haben, kamen alle aus diesem Gerichtsbezirk. In den Jahren hatte ich zu dem kommunalen Umfeld hier eine gute Beziehung aufgebaut. Das kommt einfach mit den Jahren. Am Anfang kennt man Leute nur vom Telefon, später hat man sie auch mal besucht, dann weiß man, was man voneinander zu halten hat. Ich kannte also die entsprechenden Mitarbeiter auf den Ämtern, beim Sozialamt, beim Arbeitsamt, ich kannte die Leute von der Bewährungshilfe und den freien Verbänden. Ich kannte auch ein paar Wohnungsgeber, die möblierte Zimmer vermieten. (...) In der U-Haft hat man immer mit blitzartigen Entlassungen zu rechnen. Da geht jemand bei einer geprüften Haftbeschwerde vielleicht plötzlich nach Hause. Es ist mir dann in der Vergangenheit eigentlich immer gelungen, dass keiner auf die Straße entlassen werden musste. Im schlechtesten Fall gab es zwar nur eine

Wohnheimadresse, aber zumindest die hat es gegeben. (Justizvollzugsanstalt)

Eine materielle Verbesserung der Wohnsituation des Klienten bedingt auch eine Verbesserung der Lebensqualität. Für mein Handlungsfeld bedeutet das, dass ich z.T. Drittmittel loseisen muss. Wohnungsanpassungsmaßnahmen für Senioren, für Behinderte, dergleichen mehr müssen manchmal gegen die Widerstände des Sozialamtes rechtlich durchgesetzt werden. (Mieterberatung/Wohnungsbauträger)

3.2.4 Widerstände gegen eine materielle Verbesserung der Lebenslage

In unserem Interviewmaterial finden sich schließlich auch Statements mit einem skeptischen Unterton. Die Befragten sind zwar der Meinung, dass eine nachhaltige materielle Besserstellung hilfreich sei und ein Mehr an Lebensqualität zur Folge habe. Skeptisch aber ist ihre Einschätzung im Hinblick auf die gesellschaftspolitische Reichweite der Sozialen Arbeit: Genannt werden zum einen Schließungsprozesse auf dem Arbeitsmarkt, die eine berufliche Integration ihrer Klientel erschweren und damit einer materiellen Verbesserung ihrer Lebenslage im Wege stehen. Genannt werden zum anderen die engen Leistungsgrenzen, die durch das Sozialhilfe-Recht gesetzt werden (z.B. im Hinblick auf das Kostenniveau eines „zumutbaren Wohnraumes").

Eine materielle Verbesserung ist in vielen Fällen gar nicht mehr möglich. Da bin ich ein wenig desillusioniert. Der Arbeitsmarkt gibt heute auch nicht so viel her, als dass ich Frauen, die langzeitarbeitslos sind, wirklich in ein abgesichertes Beschäftigungsverhältnis vermitteln könnte. Natürlich versuchen wir das bei jungen Frauen, bei sehr jungen Frauen, die noch keine Ausbildung haben. Da versuchen wir, sie in Ausbildung zu vermitteln, soweit sie daran Interesse haben. Das läuft hier im betreuten Wohnen über Motivationsgespräche. Wenn sie kein Interesse daran haben, ja dann werden sie vom Arbeitsamt oder eventuell Arbeit statt Sozialhilfe in irgendwelche Arbeiten vermittelt, aber diese Verträge sind befristet. Bei Frauen hingegen, die schon eine Berufsausbildung haben und die auch bis zu ihrer Lebenskrise gearbeitet haben, da ist es durchaus möglich, sie auf dem ersten Arbeitsmarkt unterzubringen. Aber das ist doch ein kleinerer Teil derer, die ich hier im betreuten Wohnen habe. (Betreutes Wohnen für wohnungslose Frauen)

Eine Arbeitsstelle aus der Haft heraus zu vermitteln – das war fast nie möglich. Ich bin jetzt zwanzig Jahre hier, da hat sich auf dem Arbeitsmarkt vieles geändert. Ich erinnere mich, dass ich einem Lokal hier in der Nachbarschaft einen Koch vermittelt habe. Der ist hier aus dem Vollzug dorthin gegangen, hat ein möbliertes Zimmer bekommen und hat als Koch angefangen zu arbeiten, weil er irgendwann in seiner Knastkarriere mal eine Kochausbildung gemacht hatte. So etwas hat es ganz früher gegeben, aber später nicht mehr. Heute ist es so, dass man den Leuten behilflich ist, ihnen sagt, wie sie ihre Papiere ordnen, damit sie die Unterlagen haben, um sich z.B. direkt arbeitslos zu melden und sonstige Ansprüche geltend zu machen. (Justizvollzugsanstalt)

Eine finanzielle Verbesserung und u.U. eine größere Wohnung ist bei unseren Klienten selten erreichbar und realistisch. Wir arbeiten zu 70-80 % mit Familien zusammen, die von Sozialhilfe leben, und da sind enge rechtliche Grenzen gesetzt. (Sozialpädagogische Familienhilfe)

3.3. Verbesserung sozialer Beziehungen

3.3.1 Stabilisierung von partnerschaftlichen und familiären Bindungen

Soziale Arbeit ist Beziehungsarbeit. Ziel der beratenden und lebensbegleitenden Arbeit ist es, Belastungen auf der Ebene der persönlichen Bindungen im familiären System abzubauen und die Suche nach im Alltag lebbaren Beziehungen zu unterstützen. Entsprechend dieser Zielsetzung wird in der Mehrzahl unserer Interviews *ein gelingendes Beziehungsmanagement* im Alltag der partnerschaftlichen und familiären Bindungen als Messlatte von Erfolg benannt. Diese Unterstützung der Bindungen in der privaten Welt hat viele Gesichter: das Neu-Anknüpfen von abgerissenen Beziehungsfäden, das Werben um Verständnis und Sensibilität für die besonderen Lebensbelastungen z.B. psychisch kranker und pflegebedürftiger Angehöriger, die Entlastung der Beziehungen von strukturellem Druck (z.B. bei Überschuldung des familiären Systems) und von emotionalem Ballast, die Einübung von veränderten Kommunikationsstilen, die es Menschen möglich machen, eigene Bedürfnisse, Anliegen und Interessen zu artikulieren und in einer balancierten Interaktion reziprok zu befriedigen.

Die sozialen Beziehungen meiner Klientinnen sind dadurch gekennzeichnet, dass sie gar nicht mehr existieren. Familie existiert so gut wie gar nicht mehr, viele sind aus ihrer Familie ausgegrenzt worden. Nur bei einem ganz geringen Teil der Frauen besteht eine Familienbindung fort, die dann gestärkt oder wieder aufgenommen werden kann. Viele Frauen haben ja auch Kinder und sie wollen diese

Kontakte wieder aufnehmen nach einer Zeit, wenn es ihnen wieder besser geht. Daran arbeite ich mit diesen Frauen, und das ist natürlich ein großer Erfolg, wenn es dann auch funktioniert. Diese Wiederaufnahme von Familienbeziehungen ist aber oft auch von Enttäuschungen und Zurückweisungen gekennzeichnet. (Betreutes Wohnen für wohnungslose Frauen)

Beziehungsverbesserungen bei den Klienten – wir versuchen das durch Familiengespräche und durch die Angehörigengruppe. Unser Ziel ist es, dass sich auch von Seiten der Angehörigen mehr Verständnis für die Patienten einstellt, dass wieder Kommunikation zwischen den Betroffenen stattfindet. Gelingt uns das, dann ist das sicherlich auch eine Art von Erfolg. Nur passiert das bei psychisch Erkrankten nicht oft, weil man bei Angehörigen, Freunden, Arbeitgebern auf sehr viel Unverständnis stößt. Eine solche Reintegration ist schwierig, es passiert selten, dass man das hinbekommt durch die Arbeit, aber wenn man es schafft, dann freue ich mich immer sehr. (Krankenhaussozialdienst/Psychiatrie)

Die Patienten kommen hier zur Aufnahme, und vielfach ist den Angehörigen nicht bewusst, was die Erkrankung bedeutet. Wenn man Angehörige dafür sensibel machen kann, ihnen hilft, das verstehen zu können und dadurch die Beziehung zum Angehörigen sich wieder bessert, dann würde ich das als Erfolg werten. Angehörigenarbeit hat in unserem Haus einen hohen Stellenwert. (Krankenhaussozialdienst/Gerontopsychiatrie)

Beziehungsfähigkeit im System Familie – das spielt auch in der Schuldnerberatung eine Rolle, weil unter dem Druck der Schuldenlast die Beziehungen in der Familie häufig sehr stark leiden. Wenn es dann gelingt, eine Entlastung im finanziellen Bereich zu schaffen, dann bessern sich auch die Partnerbeziehungen. (...) Wenn man dann nach einem halben Jahr oder einem Jahr merkt, dass die Familienbindungen stabiler geworden sind, ist das sicherlich auch ein Aspekt, den ich als Erfolg bezeichnen würde. (Schuldnerberatung/Wohnungsnotfallhilfe)

Soziale Beziehungen und deren Störungen sind ein wichtiger Teil unserer Arbeit. Die Klienten, mit denen wir es zu tun haben, leben häufig recht isoliert, sie haben wenig an Beziehungen, häufig auch gestörte Beziehungen. Und da ist es schon recht erfolgreich, wenn wir sehen, die Beziehungen innerhalb der Familie werden besser, wenn Kontakte zu anderen Gruppen geschaffen werden können. Wir machen selbst ja auch einiges an Gruppenarbeit. Wir haben z.B. zwei Frauengruppen hier, die intensiv an diesem Thema arbeiten. (Sozialpädagogische Familienhilfe)

3.3.2 Schaffung und Stabilisierung von informellen Netzwerk-Strukturen

Die beziehungsgestaltende Arbeit geht in vielen Handlungsfeldern über den kleinen Kreis der Partnerschaft und der Familie hinaus. Vielfach steht die Soziale Arbeit vor der Situation, dass Beziehungsnetzwerke ausdünnen, neue Freundschaften nur schwer geschlossen werden können und Einsamkeit zur vorherrschenden Lebenserfahrung wird. Hier kommt der Sozialen Arbeit die Aufgabe zu, Gegenrezepte gegen eine durchgreifende Vereinsamung zu erfinden und Gemeinschaft neu zu inszenieren, indem sie Menschen miteinander in Kontakt bringt und durch diese initiale Vernetzung das Fundament für wechselseitigen Austausch und Freundschaft legt. In der methodischen Literatur hat sich hier *der Begriff des „Networking"* eingebürgert – Soziale Arbeit also als eine beziehungsschaffende Leistung, die Auswege aus sozialem Rückzug aufzeigt, neue soziale Zusammenhänge stiftet und erweiterte informelle Netzwerke fördert.

> *Unser Arbeitsprodukt ist Stabilisierung, Knüpfung sozialer Netze, und wann immer ich sehe, dass da Leute eingebundener sind und sich wohler fühlen in sozialen Zusammenhängen, dann ist das für mich ein großer Erfolg.* (Service-Büro Selbsthilfe im Altenbereich)
>
> *Insbesondere die Frauen, die ja in der Regel länger leben (Lachen) als die Männer, sind sehr isoliert. Daher ist es ein fester Bestandteil unserer Arbeit zu versuchen, diese Isolation aufzubrechen, weil wir merken, dass dies dann einhergeht mit einer Verbesserung des körperlichen Gesamtzustandes.* (Verbandliche Beratung für alte Menschen/Wohnraumanpassung)
>
> *Hier im Hort und im Tagesstättenbereich regen wir stark an, Freundschaften auch außerhalb der Kindertagesstätte weiterzuleben. Auf diese Weise kann u.U. ein tragendes neues Netzwerk entstehen, so dass Eltern sich z.B. abwechseln mit dem Abholen, dass sie sich gegenseitig unter die Arme greifen, wenn der eine oder der andere einmal in Schwierigkeiten ist.* (Kommunale Kindertageseinrichtung)

3.3.3 Schaffung von neuen Bindungen und Beziehungsqualitäten

Ein letzter Aspekt: Insbesondere im Kontext von stationären und teilstationären Angeboten ist es Anspruch der Sozialen Arbeit, neue Bindungen und Beziehungsqualitäten zu schaffen zwischen Menschen, die sich in diesen pädagogischen Umwelten begegnen. Die von uns befragten Sozialarbeiter formulieren diesen Anspruch so: Mut machen, sich (auch mit der lebensgeschichtlichen Hypothek belasteter Beziehungserfahrungen) „offen und mit einem Vertrauensvorschuss" auf neue Beziehungen einlassen zu können, soziale Nähe und gemeinsame Interessen neu entdecken, Freundschaft stiften und Menschen neue Räume der sozialen Bindung eröffnen. Gemeinsam ist ihren Argumenten ein pädagogisches Vertrauen in die Kraft der Selbstsozialisation. Wo in oftmals dynamischen und konflikthaften Prozessen Bindung und soziale Verankerung gelingt, schöpfen Menschen neue personale Ressourcen, die eine stabilisierende Kraft im Hinblick auf Lebensgleichgewicht und Lebenszufriedenheit entfalten.

> *Hier im betreuten Wohnen lege ich sehr viel Wert auf das Instrument der Gruppenarbeit und versuche dadurch, dass die Frauen sich innerhalb der Gruppe stabilisieren, dass eine Gruppendynamik entsteht und sie sich gegenseitig unterstützen. Das funktioniert auch. Es gibt natürlich auch Streit und Ausgrenzung. Es sind Übertragungen da. Kinder, Vater, Mutter, Onkel, Tanten, alles ist vorhanden, diese Konflikte werden ausagiert und hieran anknüpfend werden Lösungsstrategien entwickelt. (...) Zu Anfang, wenn eine Gruppe sich neu formiert im betreuten Wohnen, zuerst ist da eitel Sonnenschein. Es ist eine Harmonie, es ist wirklich zuckersüß, so süß, dass man davon (Lachen) Zahnschmerzen bekommt. Es ist nicht real. Es ist eine Idealisierung, und irgendwann fängt das Ganze an zu dampfen und dann explodieren die Konflikte. Es finden Übertragungen statt, und dann entwickeln diese Frauen Lösungsmöglichkeiten. Sie lernen, mit Schwächen umzugehen und stabilisieren sich darüber, lernen soziale Beziehungen wieder aufzunehmen und zu pflegen.* (Betreutes Wohnen für wohnungslose Frauen)

> *Ich erlebe viele Jugendliche, die zu Beginn einer Maßnahme über ganz wenige oder über sehr schwierige soziale Bindungen verfügen. Wenn sich das dann mit der Zeit harmonisiert und neue Bindungen hinzukommen – auch untereinander unter den Teilnehmern oder unter deren Familien –, dann finde ich das eine sehr erstrebenswerte, eine sehr positive Geschichte. Ich bestärke diese neuen sozialen Kontakte, dazu mache ich den Leuten Mut – und wenn das funktioniert, ist das für mich natürlich ein Erfolg.* (Jugendberufshilfe)

> *Beziehungsverbesserungen bei den Klienten – das ist eigentlich das Wichtigste an unserer Arbeit. Ohne zwischenmenschliche Beziehungen, glaube ich, kann der Mensch nicht leben. Jeder braucht Bindungen und das Gefühl, jemandem zuzugehören und nicht ausgeschlossen zu sein, und mit unseren Aktionen versuchen wir, das zu fördern. Gerade jene Kinder, die große Probleme haben, auf andere zuzugehen, sollen bei uns eingebunden sein durch Kreativangebote, durch gemeinsame Spiele, aber auch durch Dinge, die sie persönlich auszeichnen und sie interessant für andere Kinder machen. Wir versuchen, dass*

diese Kinder sich ihrem eigenen Bedürfnis entsprechend einbinden können. Nicht, dass wir die Ziele vorgeben, wir schaffen einfach Nischen für neue Beziehungen. (...) Wir versuchen auch, die Nachbarschaft einzubinden: Wenn z.B. Spielplätze von uns geplant werden, dann wollen wir mit unseren Kindern und ihren Projekten nicht eine Polarisierung in der Wohnbevölkerung herbeiführen, sondern setzen auf Sozialverträglichkeit. Nachbarschaft vielleicht wieder zu initiieren, ja, sich verantwortlich fühlen, auch für die Kinder, die dort vor Ort sind, dass umgekehrt die Kinder sich auch verantwortlich fühlen für ältere Menschen, die im Umfeld leben. Ich denke schon, dass wir eine soziale Vernetzung von Menschen in Ansätzen bewerkstelligen, gerade durch unsere Beteiligungsprojekte. (Mobile Freizeitangebote für Kinder)

Der überwiegende Teil der Kinder und Jugendlichen bei uns ist nicht in der Lage, eine gesunde, normale soziale Bindung aufzubauen, ihre Beziehungen laufen häufig über sehr hierarchische Strukturen, Abhängigkeit – und da eine Grundlage zu schaffen, Selbstbewusstsein aufzubauen, um offen und mit Vertrauensvorschuss in neue Kontakte gehen zu können, das ist uns ganz wichtig. (Stationäre Einrichtung der Jugendhilfe)

3.4 Veränderung von Lebensperspektiven – die Suche nach neuem Lebenssinn

Soziale Arbeit ist nicht nur die Unterstützung des subjektiven Lebensmanagements des Klienten in der Jetzt-Zeit. In die helfende Beziehung geht stets auch ein zukunftsweisendes utopisches Element ein. Soziale Arbeit ist hier Orientierungsarbeit: Auf der Grundlage einer stellvertretend-hermeneutischen Deutung von Biographie und Lebenslage verlängert sie die subjektiven Lebensfäden des Klienten in die Zukunft und liefert ihrem Adressaten so Orientierungen bei der Suche nach neuen Lebensperspektiven und wünschenswerten Lebensveränderungen.

3.4.1 Lebensfortschritte: Schritte in eine neue Lebensautonomie

Das hier angesprochene utopische Element von Sozialer Arbeit – die Thematisierung von Lebenszielen, biographischen Kurswechseln und Lebensveränderungen also, die für die Praktiker vor dem Hintergrund ihrer je eigenen Normativität „wünschenswerte Lebensfortschritte" ausmachen und an deren Erreichen sich erfolgreiche berufliche Arbeit bemisst – kommt in einer Vielzahl unserer Interviews zur Sprache. Freilich: In der Fülle der Interviewmaterialien fällt es schwer, einen gemeinsamen Nenner aufzufinden. Zu unterschiedlich sind die Problemzuschnitte der einzelnen Handlungsfelder, zu unterschiedlich damit auch, was „ein wünschenswert besseres Leben" der Klienten ausmacht. Sucht man in diesen Texten ein gemeinsames Motiv, so ist es vielleicht dieses: Erfolg im Hinblick auf die zukünftige Lebensgestaltung der Klienten bemisst sich im Urteil der beruflichen Helfer daran, ob es ihnen im Rahmen der beratenden und begleitenden Arbeit gelingt, dass ihre Adressaten die Kraft und das Selbstvertrauen schöpfen, um neue Lebensziele zu entwickeln, biographische Kurswechsel einzuleiten und sich in ihrem Alltag selbstbewusst ein Mehr an Selbstbestimmung und Lebensautonomie zu erobern. Die folgenden Interviewauszüge geben einen Einblick in die bunte Erfahrungsvielfalt zum Thema „Lebensfortschritte".

Lernen, die eigenen Bedürfnisse zu artikulieren und selbstbewusst einzufordern

> *Die Frauen, die zu uns kommen, haben vielfach ein mangelndes Selbstwertgefühl, sie sind autoritätenhörig, und darauf achte ich im Erstgespräch. Nach Abschluss der Anamnese kenne ich die Familiengeschichte und die Lebensgeschichte, und ich denke, es ist dann ein Erfolg oder zumindest ein Teilerfolg, wenn diese Frauen lernen, mir zu widersprechen. Es klingt vielleicht jetzt überheblich, aber wenn sie lernen z.B. zu sagen: „Nein, das gefällt uns aber nicht, wir wollen das aber anders haben." – das ist für mich ein erster Erfolg. Dass wirklich Widerspruch kommt, dass sie ihre Bedürfnisse einfordern und dies auch begründen können. Dies ist für mich ein Erfolg, denn wenn sie hier bei uns Einspruch und Widerstand formulieren können, dann können die das draußen auch. Es ist ein Übungsfeld.* (Betreutes Wohnen für wohnungslose Frauen)

Die Entwicklung von Lebenszufriedenheit und Unabhängigkeit

> *Wenn der junge Mensch am Ende der Beratungsarbeit sagt: „Aufgrund der Erfahrungen und Erlebnisse, die ich hier in den Gruppen mit Gleichaltrigen gemacht habe, geht es mir jetzt damit besser, ich bin zufriedener, weil ich Lebensperspektiven entwickeln kann, weil ich mich unabhängiger mache." – das ist Erfolg, nicht nur meiner, sondern auch der Klienten.* (Verbandliche Jugendberatung)

Erfolgreicher Schulbesuch bei Kindern aus benachteiligten Milieus

> *Erfolg hier in der Brennpunkt-Arbeit ist es, wenn Kinder es dann geschafft haben, nach der Grundschule z.B. die Realschule zu besuchen oder die Gesamtschule. Das war für uns immer ein Supererfolg. Diese Kinder erfahren eine deutliche soziale Benachteiligung, weil sie*

nicht so gut mit Material ausgestattet sind, nicht die Gelegenheiten haben zu lernen wie andere, nicht die Unterstützung haben von ihren Eltern. Wenn diese Kinder aber die Intelligenz und die Durchsetzungskraft haben, um es in der Schule zu schaffen – das ist für uns dann ein Erfolg. (Kommunale Kindertageseinrichtung)

Das Aufzeigen von neuen Lebensperspektiven

Die Klienten entdecken einen neuen Lebenssinn und schmieden Pläne. Das ist sicherlich ein Merkmal für Erfolg, denn viele unserer Klienten befinden sich doch in ziemlich belastenden Lebenssituationen, sie sehen oft wenig an Perspektive, und da ist es schon ein Erfolg, wenn innerhalb des Einsatzes solche neuen Sichtweisen aufgetan werden. (Sozialpädagogische Familienhilfe)

Die Aktivierung und die Entwicklung von Eigenverantwortlichkeit im Alter

Ein wichtiger Anteil unserer Arbeit ist die Zusammenarbeit mit Senioren kurz vor bzw. nach der Pensionierung. Weil viele Senioren ja in dieses berühmte schwarze Loch fallen, nachdem sie das Gartenhäuschen viermal aufgeräumt haben, und dann oft eine Leere erfahren. Dies wird im Rahmen unseres Verbandes durch die Initiative Ehrenamt (Initiative ZWAR „Zwischen Arbeit und Ruhestand") aufgearbeitet, d.h. die Förderung der eigenen Verantwortlichkeit bzw. der eigenen Aktivitäten im Alter. Es ist für mich ein wichtiger Gradmesser für Erfolg, Menschen zu aktivieren, die jetzt eben keine eigenen Perspektiven mehr haben. (Verbandliche Beratung für alte Menschen/Wohnraumanpassung)

Lernen, auch im hohen Alter selbstbewusst die Dienstleistungen der Pflege und anderer Sozialdienste in Anspruch zu nehmen

Gerade im Bereich der Sozialen Arbeit mit Senioren geht es darum, deren Selbständigkeit möglichst lange zu erhalten, ein Selbstbewusstsein zu wahren. Die Senioren stehen vor Pflegesituationen. Je älter sie werden, desto abhängiger werden sie von pflegenden und versorgenden Einrichtungen. Und den älteren Menschen hier so eine Portion Selbstbewusstsein mitzugeben, aus der Vielzahl der Angebote selbstbewusst das Richtige zu wählen und zu sagen: „Das will ich nicht. Diesen Pflegedienst will ich überhaupt nicht." Das halte ich für absolut wichtig. (Service-Büro Selbsthilfe im Altenbereich)

3.4.2 Lebensbegleitung: „ein Stück gemeinsam gehen"

Neue Lebensorientierung, biographische Kurswechsel, das Erreichen von Lebenszielen, die ein Mehr an Selbstbestimmung, sozialer Integration und struktureller Sicherung versprechen – dies wird auch in den folgenden Interviewpassagen als Erfolg Sozialer Arbeit ausgewiesen. Was diese Texte von den vorangehenden unterscheidet, ist dieses: Positive Lebensveränderungen – so die Einschätzung der befragten Praktiker – sind in erster Linie persönliche Erfolge der Klienten selbst. Es sind subjektive Lebensleistungen der Adressaten, die mit Mut, Kraft und Beharrlichkeit positiv konnotierte Lebenswünsche in die Wirklichkeit übersetzen. Die professionelle Leistung der Sozialen Arbeiter tritt gegenüber dieser Eigenleistung der Klienten zurück. Die hier zu Wort kommenden beruflichen Helfer beschreiben ihren fachlichen Beitrag als *Anschubhilfe und begleitende Assistenz.* In einer eher bescheidenen Interpretation der Funktion und der Reichweite des eigenen professionellen Handelns beschreiben sie sich in der Rolle von „Wegweisern" und „Orientierungshelfern", die ihren Adressaten im gemeinsamen Abschreiten eines Stücks Lebensweg Ermutigungen geben, machbare Perspektiven eröffnen und Zugang zu hilfreichen Ressourcen der Lebensveränderung erschließen und auf diese Weise auf Seiten ihrer Adressaten eigendynamische Prozesse der Selbstgestaltung anstoßen.

Soziale Arbeit als Wegweiser zu neuen Lebensperspektiven

> *Lebensperspektiven – das nehme ich nicht als meinen eigenen persönlichen Erfolg wahr. Wenn jemand eine neue Lebensperspektive gewinnt – und das ist in der Regel nach einer sehr intensiven und kontinuierlichen Beratung der Fall – dann ist das für mich ein Ergebnis, das der Einzelne sich tatsächlich auch alleine erarbeitet hat. Beispielsweise im Suchtbereich haben wir Mitarbeiter, die kontinuierlich zu uns kommen, die Beratung dauert in der Regel mehr als ein Jahr. Wenn dann innerhalb dieser Zeit deutlich wird, dass der Mitarbeiter sich entwickelt, dass er seine Lebensgestaltung, seine Freizeit, seine Berufssituation wirklich verändert, dann ist das sicherlich für ihn ein Erfolg, aber nicht für mich. Ich fühle mich daran nicht so beteiligt. Ich denke, ich bin vorher erfolgreich gewesen, dass ich ihm das mögliche Rüstzeug gegeben habe, bestimmte Dinge zu tun, ihm dabei geholfen habe, beispielsweise im Suchtbereich abstinent zu werden und eventuell die passende Klinik, Selbsthilfegruppen usw. zu finden. Aber an allem anderen, was dann wirklich in eine gravierende Veränderung einmündet, daran bin ich nicht mehr beteiligt. Das ist nicht mehr mein Erfolg. Aber das andere, ihn wieder auf die Beine gestellt zu haben, das rechne ich mir als Erfolg an.* (Betriebssozialarbeit)

Lebensbegleitung und subjektive Neuorientierung der Adressaten

> *Biographische Veränderungen – das hört sich ja schon nach einem etwas größeren durchdachten Lebensentwurf an. Wenn ich*

erkennen kann, dass dieser kleine Teil des Lebensausschnittes, den die Jugendlichen hier bei uns in einem Lehrgang oder in einer Arbeitsmaßnahme verbracht haben, zu diesen biographischen Kursänderungen beigetragen hat, dann denke ich, dass wir nicht erfolglos gearbeitet haben. Aber das ist so weit weg und eigentlich außerhalb meiner primären Intention, so dass ich denke: Ganz pragmatisch machen wir uns hier ein Jahr auf einen ganz langen Weg und auch nur in der Zeit von morgens um halb acht bis nachmittags um vier oder bis um fünf. Das Wichtigste passiert vorher und nachher und manchmal auch zwischendurch. Insofern denke ich wenig daran, dass wir mit unserer Arbeit so langfristige Auswirkungen haben. Aber es ist natürlich sehr erfreulich wenn junge Leute hier für sich einen neuen Lebenssinn entdecken. (Jugendberufshilfe)

Verbesserung der Lebensqualität und die Suche nach neuen Lebenszielen

Oft fällt von den Jungen dann, wenn sie zu uns kommen, eine ganz große Last ab, wenn also entschieden worden ist, dass sie die Familie verlassen, dass also eine Trennung erfolgt und sie in die stationäre Erziehungshilfe gehen. Dann kann man verfolgen, wie es den Jungen körperlich besser geht, wie sie aufatmen, wie sie sich neue Ziele setzen, eine neue Lebensperspektive entwickeln (...). Aber wir können dies nur nachverfolgen, so lange sie hier in der Einrichtung sind. (Stationäre Einrichtung der Jugendhilfe/Inobhutnahme)

Lebensorientierung als Aufgabe der Sozialen Arbeit

Die Jugendlichen und die Klienten entscheiden selber, wie ihr Lebensweg weitergeht. Mein Beitrag ist es, sie ein Stück weit dahin zu bringen, klar zu bekommen, was sie wollen, eine Perspektive für sich zu entwickeln. Und wenn sie diesen Weg dann einschlagen – sei es im beruflichen Bereich, sei es im schulischen Bereich – und dann ihr Glück finden in Anführungsstrichen, dann ist das schon o.k. Aber das ist für mich kein Erfolgsdokument (...). Ich versuche, den Jugendlichen klar zu machen, was für sie vernünftig ist, und welchen Weg sie gehen können. Aber da bin ich auch nur ein Rad im System, ich kann Rat geben, aber den Rat, den müssen die Jugendlichen für sich reflektieren und umsetzen. (Jugendgerichtshilfe)

3.4.3 Die Unsichtbarkeit von langfristigen Lebensveränderungen

In unseren Interviews findet sich eine letzte Kategorie von Antworten: Thematisiert wird in diesen Aussagen *die institutionelle Unsichtbarkeit* von langfristigen Lebensveränderungen auf Seiten der Adressaten. Soziale Arbeit – so das Urteil unserer Gesprächspartner – geht nur ein kurzes Stück Lebensweg gemeinsam mit ihren Adressaten. In dieser Zeit kann die (oftmals sehr beziehungsintensive) begleitende Arbeit Einfluss auf erste Wegentscheidungen und Kurssetzungen nehmen. In welcher Weise aber diese ersten Veränderungsschritte über das Ende der Beziehungsarbeit hinaus fortgesetzt werden und zu neuen Formen von Stabilität und Lebensgelingen führen, das bleibt zum einen für die institutionelle Hilfe unsichtbar (das Fehlen eines institutionalisierten Verfahrens der nachgehenden Erfolgsevaluation) und ist zum anderen abhängig von vielfältigen, kontingenten Lebenseinflüssen jenseits der beruflichen Hilfe. Aus diesen Gründen – so die Praktiker weiter – können langfristig sich einstellende Lebensveränderungen der Adressaten Sozialer Arbeit nicht oder nur zu geringen Teilen auf dem eigenen Erfolgskonto verbucht werden. Allenfalls spätere (eher zufällig zustande kommende) Rückmeldungen der Klienten, in denen sie über jene Anteile der helfenden Arbeit berichten, die ihnen auf ihrem späteren Lebensweg hilfreich und handhabbar waren, sind hier ein Gradmesser für berufliches Gelingen.

Die institutionelle Unsichtbarkeit von biographischen Veränderungen

Es ist ja hier im Vollzug so, dass man die Lebensentwicklung der ehemaligen Inhaftierten eigentlich nie weiterverfolgen kann. Ich habe also eine Zeitlang mit Menschen zu tun, mit manchen sehr intensiv, mit andern nur ganz sporadisch und mit einigen überhaupt nicht, die ich aber dann nach der Haftentlassung völlig aus dem Auge verliere und ich weiß nichts mehr über sie. Ich werde nie erfahren, ob derjenige irgendwo wieder gut Fuß gefasst hat, ob der nachher wieder in den Vollzug gekommen ist. Das erfahre ich höchstens, wenn er hier wieder auftaucht. (Justizvollzugsanstalt)

Über den weiteren biographischen Lebensablauf, da bekommen wir hier eigentlich gar keine Rückmeldung. Das ist sicher ein Problem, dass man Dinge hier vorbereitet und versucht, gemeinsam Perspektiven zu erarbeiten – und wenn der Klient dann auf den Weg geht, bekommt man ihn nicht mehr mit. Wenn ein Patient in der Lage ist, seine Lebenssituation konkret zu verändern, wenn er jetzt auf eigenen Füßen versucht, das umzusetzen, was wir gemeinsam überlegt haben – über alles dies bekommen wir hier in der Regel keine Rückmeldung mehr, und somit kann ich das überhaupt nicht messen. (Krankenhaussozialdienst/Psychiatrie)

Rückmeldungen über Lebenserfolge nach Abschluss der Hilfen

Positive biographische Kursveränderungen kann ich nur in den Fällen mitverfolgen, in denen ich Klienten zwei, drei, vier oder noch

längere Jahre betreue. Bei kurzfristigen Unterstellungen rechne ich mir diese Veränderungen nicht an, weil ich den eigenen Anteil nicht überprüfen kann. In manchen Fällen gibt es im Nachhinein noch Kontakte, wo mir als Feedback sehr deutlich gesagt wird, das und das hat mich so und so stark beeinflusst. Und solche Rückmeldungen sind immer ein schönes Erlebnis. (Bewährungshilfe)

Schön wäre natürlich, wenn es Rückmeldungen über die Langzeitwirkungen unserer Arbeit geben würde. Die sind aber sehr selten. Ich erinnere mich da an einige Aspekte aus der Arbeit, die ich vor meinem Studium gemacht habe. Damals wurde uns oft von ehemaligen Klienten gesagt: Wenn ihr nicht gewesen wäret, dann hätte mein Leben, glaube ich, einen anderen Dreh genommen, weil ich nicht gewusst habe, welche schulische Laufbahn ich noch hätte einschlagen können. Oder: Wenn ich die Fähigkeiten, die ich habe, nicht bei euch entdeckt hätte, hätten mir viele Möglichkeiten nicht offen gestanden. Auch in der Arbeit hier bekommen wir Rückmeldungen, klar, wenn wir z.B. zu Großveranstaltungen kommen und uns die Eltern bzw. auch die Kinder sagen, die und die Sachen habe ich immer noch aufbewahrt. Das ist schon Erfolg. (Mmobile Freizeitangebote für Kinder)

Oft ist es so, dass man dann, wenn sich für den Klienten wirklich nachhaltig etwas verbessert hat, wenn er das selbst als Hilfe empfunden hat, dass man dann auch über Jahre hinaus noch in Kontakt bleibt. Dass man sich zu bestimmten Festlichkeiten wie Weihnachten Grüße zukommen lässt oder dass die mich besuchen und man weiter Anteil an ihrem Leben hat. (Ambulante erzieherische Dienste)

4. Klientenbezogene Erfolge: Verlaufsorientierung

Nach den Fragen über Einschätzungen beruflicher Erfolge, die sich am *Ergebnis* der Zusammenarbeit zwischen Sozialarbeiter und Klient festmachen lassen, wurde gezielt nach Merkmalen des Verlaufs der Beziehungen zwischen Sozialarbeiter und Klient gefragt (vgl. Anhang II). Wie erinnerlich, wurden bei den Antworten auf die ersten offenen Fragen (vgl. Kap. 2) verlaufsbezogene Aspekte des beruflichen Erfolgs keineswegs ausgeblendet, wenn sie auch deutlich seltener vorkamen als ergebnisorientierte Aspekte. Jetzt wurde im Interview explizit nach der Wichtigkeit der *Qualität des Prozesses* gefragt. Von allen Befragten liegen Antworten vor, auch von denen, bei denen ursprünglich diese Dimension des beruflichen Erfolgs keine oder nur eine untergeordnete Rolle spielte. Anders gesagt: Wenn der Prozess der Zusammenarbeit zwischen Sozialarbeiter und Klient direkt angesprochen wird, werden auch entsprechende Antworten hervorgerufen, während bei den allgemeinen Fragen nach beruflichem Erfolg verlaufsorientierte Aspekte deutlich seltener thematisiert werden.

Es kann nicht verwundern, wenn wiederholt, vielleicht durch die Vorgabe der Leitfrage begünstigt, *die Bedeutung des Aufbaus einer Vertrauensbeziehung* zum Klienten oder einer Beziehung überhaupt von den Befragten hervorgehoben wird. Ein paar Beispiele:

> *Vertrauensebene ist notwendige Voraussetzung.* (Mieterberatung/Wohnungsbauträger)

> *Das Wort Vertrauensverhältnis ist ein abgegriffenes Wort. (...) Ich denke, das ist einfach für uns die Basis, die sich schon im Erstgespräch finden muss (...).* (Betriebssozialarbeit)

> *Es muss schon eine Vertrauensbasis da sein. (...) das Vertrauen aufzubauen ist schon eine konkrete Aufgabe (...).* (Verbandliche Beratung für alte Menschen/Wohnraumanpassung)

> *(Vertrauen) ist das Merkmal für Erfolg* (...). (Mobile Freizeitangebote für Kinder)

> *Die Tatsache einer gelingenden oder gelungenen Beziehung zu dem Klienten ist das A und O überhaupt einer Veränderungsar-*

beit zu Beginn (...). Es ist sowohl Voraussetzung als auch Ergebnis. (Verbandliche Jugendberatung)

Vertrauen, gegenseitige Verlässlichkeit (...), die spielen eine große Rolle. (Das) ist eine Arbeitsgrundlage, um (...) an eine weitere Veränderung heranzugehen. (Drogenberatung)

Der Prozess geht ja den Ergebnissen voraus, und insofern ist es natürlich sehr wichtig, dass solch ein Prozess in Gang kommt, und dass der auch immer wieder reflektiert wird. (Sozialpädagogische Familienhilfe)

An erste Stelle würde ich erst mal diese Vertrauensbasis setzen, so als Einstieg, und wenn das klappt, auch als einen Erfolg. (Angebote für Sinti/Roma)

Wir versuchen natürlich, erst mal Vertrauen zu bekommen zu den Leuten, und wenn sich dann zeigt, dass jemand dann auch kommt, wenn er irgendwas hat, dann finde ich das ganz enorm. (Stationäre Einrichtung der Wohnungslosenhilfe)

Etwa die Hälfte der Befragten äußert sich explizit so oder so ähnlich: Vertrauen wird als notwendige Voraussetzung für die Arbeit genannt, häufig wird das erreichte Vertrauen als wichtiges Ergebnis angesprochen. Interessant ist, dass Vertrauensbeweise von Klienten auch zur persönlichen Befriedigung beitragen, zum Teil geradezu die Voraussetzung für die subjektive Arbeitszufriedenheit bilden. Nicht nur mit Blick auf die Grundlage für eine weitere erfolgreiche Zusammenarbeit also, sondern als *persönliche Bestätigung und Bereicherung* werden Vertrauensbekundungen wahrgenommen:

Das ist für mich eine Befriedigung, wenn ich feststelle, dass sich (...) so ein Verhältnis auch festigt. Dass Leute mich kontaktieren, was sie sonst in ähnlichen Stellen einfach nicht machen würden. Das ist eindeutig Erfolg (...). (Beratung für Langzeitarbeitslose)

Ich kann am besten arbeiten, wenn ich tatsächlich ein halbwegs tragfähiges Vertrauensverhältnis zu den einzelnen Teilnehmerinnen (aufgebaut habe). (Jugendberufshilfe)

Wenn heute Mittag ein Telefonanruf kommt (...) So was finde ich toll, einfach mitzukriegen, die denken immer noch an dich und die wissen, du kannst mir helfen. (Jugendgerichtshilfe)

Das ist das, was einem an der Arbeit dann auch Freude macht und was man, glaube ich, auch braucht. Das halte ich aber für was ganz allgemein Menschliches. Selbst die Brötchenverkäuferin freut sich, wenn der Kunde immer wieder kommt und ihr ein freundliches Wort gönnt (...), diese Ansprache, dieses Angenommenwerden, dieses Akzep-

tiertwerden, dass man das gern hat und auch braucht, und dass einem das eigentlich die Freude an der Arbeit vermittelt. (Justizvollzugsanstalt)

Besonders in der letzten Äußerung wird deutlich, dass die fachlich gebotene Forderung nach Akzeptanz des Klienten hier teilweise umgekehrt wird und die Akzeptanz des Sozialarbeiters durch den Klienten als Maßstab beruflichen Erfolgs gewertet wird.

In mehreren Antworten heben die Befragten auf *strukturelle Einflüsse auf den Prozess der Zusammenarbeit* ab – wobei diese Strukturmerkmale explizit an anderer Stelle des Interviews behandelt wurden (vgl. Kap. 5). So weist ein Befragter darauf hin, dass der Prozess des Beziehungsaufbaus in einer stationären Drogeneinrichtung sehr viel leichter zu gestalten sei als in einer ambulanten Einrichtung (stationäre Einrichtung der Drogenhilfe). Auch wirke sich vorteilhaft aus, wenn man als Sozialarbeiter schon lange Zeit an derselben Stelle tätig sei, zum Teil dadurch Familien schon in der zweiten Generation kenne, beziehungsweise von diesen gekannt werde (Allgemeiner Sozialdienst). Umgekehrt können aber lange und negativ eingefärbte Erfahrungen mit Sozialer Arbeit auf Seiten der Klienten einen Vertrauensaufbau deutlich erschweren: Eine Untersuchungsperson weist auf „sozialarbeitergeschädigte Jugendliche" hin, bei denen es extrem schwer sei, Kontakte aufzubauen (Jugendgerichtshilfe). Einige Befragte im Bereich der Psychiatrie weisen auf grundsätzliche Schwierigkeiten des Kontaktaufbaus und der Vertrauensbildung bei bestimmten Zielgruppen hin: Hier werden insbesondere Suchtkranke und psychisch Kranke benannt (kommunaler sozialpsychiatrischer Dienst, Krankenhaussozialdienst/Psychiatrie). Schwierig scheint es auch dann zu sein einen vertrauensvollen Kontakt aufzubauen, wenn Klienten mit einer „Nehmerhaltung" kommen (Bezirkssozialdienst). Eine Befragte lässt sich indes darauf ein und dreht den Spieß um: Wenn jemand nur Geld will, wird dem Klienten signalisiert, dass er sich auf einen Prozess der Zusammenarbeit einzulassen habe.

Ich kann dir zwar auch finanziell helfen, aber nur, wenn du bereit bist, dich mit mir auf einen Prozess einzulassen, wo wir die auslösende Situation, die zu diesem Geldmangel geführt hat, auch versuchen, zumindest gemeinsam zu beheben. (Verbandliche Beratung für Migranten)

Selbstverständlich wird die Kontaktbildung auch stark von der *Freiwilligkeit der Kontaktaufnahme* beeinflusst: Wenn z.B. Mitarbeiter eines Betriebs von Vorgesetzten oder durch die Personalabteilung zur betrieblichen Sozialarbeit geschickt werden, ist es nicht einfach, die vorhandenen „Hemmschwellen abzubauen, weil ich weiß, wenn er da nicht drüberspringen kann, hat es keinen Sinn." (Betriebssozialarbeit). Die Wichtigkeit dieser Strukturkomponente des Grades von Freiwilligkeit der Kontaktinitiative für den Kontaktaufbau ist aus der Literatur über Erstkontakte ausreichend bekannt (vgl. Kähler 4/2001).

Welche *Erkennungszeichen von verlaufsbezogenen Erfolgen* werden von den Befragten angesprochen? Mehrmals werden die Bereitschaft zu Konflikten und das Aushalten von Krisen als zum Teil notwendige Kennzeichen guter Beziehungen zu Klienten genannt (Schuldnerberatung/ Wohnungsnotfallhilfe, stationäre Einrichtung der Drogenhilfe, stationäre Einrichtung der Jugendhilfe). Von einer anderen Untersuchungsperson wird als Merkmal des Erfolgs angegeben, dass Klienten (in diesem Fall Kinder) keine Angst haben, wiederzukommen:

> *Zu hören, „ich komme gern", bedeutet für mich schon, ich habe den Druck nicht ausgeübt, sondern ich habe (...) Entscheidungsmöglichkeiten gelassen.* (Mobile Freizeitangebote für Kinder)

In dieser Äußerung wird auch bereits sichtbar, mit welchen *Ansätzen Sozialarbeiter auf die Gestaltung erfolgreich verlaufender Prozesse* positiv Einfluss nehmen können. Hier werden typische Postulate sozialarbeiterischer Qualifikation betont: die Notwendigkeit, den Klienten erst mal zu lassen, ihn nicht zu sehr zu fordern (stationäre Einrichtung der Wohnungslosenhilfe), oder den eigenen Weg der Klienten zu akzeptieren (Angebote für Sinti/Roma). Die Klientinnen dürfen alles, sie dürfen sogar Grenzen überschreiten (betreutes Wohnen für wohnungslose Frauen). Andere Befragte betonen dagegen die Aufrechterhaltung einer Grenze und einer Mindestdistanz (Bewährungshilfe, verbandliche Beratung für Migranten). Klarheit und Transparenz des eigenen Tuns werden von anderen Untersuchungspersonen betont (Schulsozialarbeit, Justizvollzugsanstalt). Schließlich werden die Vereinbarung von Spielregeln und deren verbindliches Einhalten auf beiden Seiten sowie das Aufzeigen der Möglichkeiten und Grenzen der Hilfe als wichtige Gesichtspunkte der positiven Gestaltung von Beziehungen benannt (Betriebssozialarbeit).

Sehr unterschiedlich wird von den befragten Sozialarbeitern kommentiert, inwieweit die Vertrauensbildung überhaupt beeinflusst werden kann, *inwieweit Sozialarbeiter Kontrolle über die Prozesse haben.* Einige Sozialarbeiter sehen das „schon eher als Glückssache", weil Vertrauensbildung sehr stark von Sympathie und Antipathie beeinflusst werde (kommunale Kindertageseinrichtung) oder weil Beziehungen sich „naturwüchsig entwickeln" (Jugendgerichtshilfe), beziehungsweise „einem einfach die Nase nicht passt" (ambulante erzieherische Dienste).

Andere Befragte heben dagegen hervor, dass beide Seiten für die Beziehung Verantwortung tragen (Schulsozialarbeit), oder dass „man was dafür tun" muss. (Service-Büro Selbsthilfe im Altenbereich). Als förderlich für eine gute Beziehungsarbeit wird auch der Erwerb bestimmter Zusatzqualifikationen genannt (Bewährungshilfe).

5. Klientenbezogene Erfolge: Strukturorientierung

Nach den Fragen zu Vorstellungen über berufliche Erfolge, die sich auf den Prozess der Zusammenarbeit mit den Klienten bezogen, wurden im Interview Fragen nach der Bedeutung der Strukturen für die Bestimmung von Erfolgserfahrungen in der Sozialen Arbeit gestellt (vgl. Anlage II). Noch stärker als im vorhergehenden Kapitel gilt, dass hier, bei der Frage nach strukturellen Merkmalen, eine Vielzahl von Antworten kommen, während derartige Merkmale bei der allgemeinen Frage nach beruflichem Erfolg und Misserfolg eine deutlich untergeordnete Rolle spielten (vgl. Kapitel 2). Erkennbar evoziert die Frage also die gegebenen Antworten – die jeweilige Frage beeinflusst massiv die Konstruktion der dargestellten Erfolgsvorstellung.

Einen breiten Raum nehmen Hinweise auf *räumliche Gesichtspunkte* für den beruflichen Erfolg ein und erstaunlicherweise überwiegen die *positiven Einschätzungen*. Sie beziehen sich auf die Modernität der Gebäude (Service-Büro Selbsthilfe im Altenbereich), auf die günstige Lage der Einrichtung (Bewährungshilfe), besonders im Hinblick auf die niedrigen Schwellen für die Klienten (ambulante erzieherische Dienste), auf die angemessene Unterbringung der Klienten in einem Wohnungslosenheim (stationäre Einrichtung der Wohnungslosenhilfe), auf angemessene Büro- und Gruppenräume (stationäre Einrichtung der Drogenhilfe) oder auf die gute Atmosphäre des Büros (Schulsozialarbeit). Vielfach äußern sich die Befragten nur allgemein positiv zu den Strukturen ihrer Arbeit, die die räumliche Situation einschließen (diverse Einrichtungen: Schuldnerberatung/Wohnungsnotfallhilfe, Bezirkssozialdienst, stationäre Einrichtung der Jugendhilfe/Inobhutnahme, Sozialpädagogische Familienhilfe, stationäre Einrichtung der Jugendhilfe, forensische Psychiatrie).

Natürlich gibt es auch vereinzelt *Klagen über die räumliche Situation*: Eine Untersuchungsperson sieht in der sehr unbefriedigenden Unterbringung einen Indikator für den geringen Stellenwert der Sozialarbeit:

> *Dass (...) der Sozialdienst (...) diese kleine Hucke hat, dass wir in eine Bürokammer gesetzt werden mit zwei Personen (...). Dies*

führt sicher dazu, dass auf Seiten der Angehörigen die Akzeptanz unserer Arbeit am Anfang erschwert ist. (Krankenhaussozialdienst/Psychiatrie)

Eine andere Untersuchungsperson klagt über bauliche Mängel bei der Unterbringung von Klienten in der Einrichtung (betreutes Wohnen für wohnungslose Frauen).

Ähnlich wie bei den Räumlichkeiten überwiegen bei den *Hinweisen auf die Büroausstattung* die positiven Aussagen. Es finden sich Hinweise auf gute technische Ausstattungen mit Geräten wie Computer, Fototelefon und Fax (verbandliche Beratung für alte Menschen/Wohnraumanpassung, forensische Psychiatrie, Schuldnerberatung/Wohnungsnotfallhilfe), die gesicherte Übernahme der Telefonkosten und Büromaterialien (verbandliche Beratung für Migranten), bis hin zu der Möglichkeit, auf Etatkosten Blumen zu besorgen (Service-Büro Selbsthilfe im Altenbereich). Dagegen beklagen andere Befragte die schlechte Ausstattung in veralteten Gebäuden (Justizvollzugsanstalt) sowie antiquierte, häufig von anderen übernommenen Einrichtungsgegenstände (Schuldnerberatung/ Wohnungsnotfallhilfe, kommunaler sozialpsychiatrischer Dienst). In einem Fall wird eine jahrelange Unterbringung in Holzbaracken ohne sanitäre Anlagen und Telefon erwähnt, bevor angemessenere Unterbringungen bezogen werden konnten (Angebote für Sinti/Roma).

Überwiegend positiv fallen Kommentare zur *Gestaltbarkeit der Arbeitszeit* aus (Bewährungshilfe, Schulsozialarbeit, kommunaler sozialpsychiatrischer Dienst). Eine Befragte äußerte, dass diese Möglichkeit der relativ freien zeitlichen Gestaltung der wichtigste Grund dafür sei, dass sie sich diesen Arbeitsplatz ausgesucht habe. Dabei spielt natürlich eine Orientierung an den Bedürfnissen der Klienten eine Rolle:

In unserer Einrichtung hat jeder die Möglichkeit, seine Arbeitszeit einzuteilen. Und dadurch kann ich das wirklich niederschwellig machen. Ich richte mich auch wirklich sehr stark danach. Ich bin zweimal die Woche abends mindestens unterwegs etc. (...). (Bewährungshilfe)

Für uns ist sicherlich wichtig, Öffnungszeiten zu haben, die sich an der Klientel orientieren (eher nachmittags, im Winter etwas anders). (Mobile Freizeitangebote für Kinder)

Eine Befragte weist im Zusammenhang mit zeitlichen Aspekten ihrer Tätigkeit auf die Wichtigkeit hin, festgesetzte Zeiten auch selbst einzuhalten. Die eigene Pünktlichkeit sei ein wesentlicher Beitrag dafür, dass Klienten die Sozialarbeiterin als zuverlässig erleben können. (Schulsozialarbeit)

Ähnlich positiv wie die freie Gestaltung der Arbeitszeit bewerten viele Befragte die *hohe Eigenständigkeit* („Mir redet keiner rein", verbandliche Beratung für alte Menschen/Wohnraumanpassung) und den großen Freiraum, der durch die Anstellungsträger eingeräumt wird (verbandliche Jugendberatung, Justizvollzugsanstalt, stationäre Einrichtung der Jugendhilfe/Inobhutnahme). Voraussetzung dafür seien die Wertschätzung und ein gewisser Vertrauensvorschuss, die die Vorgesetzten den Sozialarbeitern gegenüber zum Ausdruck bringen (Service-Büro Selbsthilfe im Altenbereich, Schuldnerberatung/Wohnungsnotfallhilfe).

In zwei Interviews gibt es Hinweise auf ungewöhnlich viel Freiraum, jedoch verbunden mit Befürchtungen, dass sich dies in Zukunft ändern werde:

> *Viel Freiraum, wenig behördliche Vorgaben. (Aber andererseits in letzter Zeit immer wieder in so Gremiumsstrukturen eingebunden,) die sehr viel Zeit schlucken. (...) ich werde häufig den Anforderungen der Klienten, also der Jugendlichen nicht gerecht, weil einfach die Zeit fehlt. Dienstbesprechungen, Teambesprechungen, Workshop, Papiere, Skript schreiben ...* (Jugendgerichtshilfe)
>
> *(...) sehr starke Selbstorganisation und Selbstkontrolle (...). Wir (...) bestimmen unseren Erfolg (...) noch stark allein (...). Keine Vermerke, keine Akten (...), wir können entscheiden, wann wir Hausbesuche und wie, ob wir Klinikbesuche machen (...), wir haben keine Stempeluhren, wir können hier hinkommen, wann wir wollen, wir können gehen, wann wir wollen. Es findet in diesem Sinne keine Kontrolle statt. Das wird sich aber wohl ändern.* (Betriebssozialarbeit)

Interessant ist die Äußerung einer Untersuchungsperson, die als einzige eine negative Seite des ihr gewährten breiten Freiraums anspricht:

> *Wir haben sehr viel freie Hand, sehr viel Selbständigkeit, aber manchmal vergaloppiert man sich da auch. Man hat dann sehr viele Fälle und will überall das Beste erreichen, macht Überstunden und muss dann einfach erkennen, jetzt kannst du auch nicht mehr, jetzt ist eine Grenze erreicht. (...) dass diese Freiheit auch eine Kehrseite hat. Ich empfinde sie grundsätzlich als sehr positiv, aber zwischendurch muss man auch darauf Acht geben, dass man dann nicht zu viel macht.* (Ambulante erzieherische Dienste)

Zu deutlich negativen Einschätzungen der Rahmenbedingungen Sozialer Arbeit kommt es, wenn die Untersuchungspersonen die *finanzielle und personelle Ausstattung* kommentieren. Dabei wird zum einen allgemein der mangelnde finanzielle Rahmen angesprochen, der seit Jahren unverändert sei (verbandliche Jugendberatung), nicht für kontinuierliche Maßnahmen, allenfalls für zeitlich begrenzte Projekte reiche (Schulsozialarbeit) oder auch die offene Kommunikation unter Fachleuten wegen wachsenden Misstrauens untereinander erschwere (stationäre Einrichtung der Jugendhilfe). Zum anderen wird bemängelt, dass die von den Klienten zu entrichtenden Gebühren nicht mehr familienfreundlich seien (kommunale Kindertageseinrichtung). Zu wenig Personal in Verbindung mit nachweisbaren Bedürfnissen wird ebenfalls mehrfach kritisiert, z.B. in folgender Bemerkung:

> *Wenn ich auf der einen Seite den tatsächlichen Bedarf sehe und auf der anderen Seite diese massive Reduzierung und Rückführung eines Dienstes (...).* (Verbandliche Beratung für Migranten)

Eine Untersuchungsperson spricht die zunehmende Zahl befristeter Verträge und unangemessener Vergütungen an (stationäre Einrichtung der Jugendhilfe/Inobhutnahme). Immerhin äußert sich ein Befragter positiv über das (relativ) hohe Gehalt: Durch Heimzulage und Rufbereitschaftszulage komme „recht viel" zusammen (stationäre Einrichtung der Drogenhilfe). Viele Kommentare ranken sich um die *Einbindung in bürokratische Organisationen* mit ihrer – schnelles und flexibles Handeln einschränkenden – Einbindung in hierarchische Strukturen (Drogenberatung) und den Zwängen, Verwaltungsvorschriften zu beachten. Dadurch entstünden Zeitverluste und Nachteile für die Klienten (kinderpädagogischer Dienst, Beratung für Langzeitarbeitslose, kommunale Kindertageseinrichtung, Service-Büro Selbsthilfe im Altenbereich, Mieterberatung/Wohnungsbauträger). Typisch ist folgende Äußerung:

> *Der Formalkram (wird) einfach immer höher, sprich Formulare machen, noch mehr Anträge schreiben und so (...), die Zeit wird einfach kürzer, so vom Gesetzgeber her, was dann auch institutionell einfach zurückgegeben wird an uns. Wir müssen in immer kürzerer Zeit gucken, dass wir jemanden halt wieder fit machen fürs Leben.* (Stationäre Einrichtung der Wohnungslosenhilfe)

Eine andere Untersuchungsperson akzeptiert das Verwaltungshandeln als Teil der beruflichen Aufgabe und nimmt folgende Einschätzung vor:

> *Formalitäten und Schreibkram (...), das gehört dazu. Um einem Juristen zu erklären, dass man auch was kann, sollte man das im Wortlaut auf ein Blatt Papier schreiben können. Und möglichst wenig Fehler machen. Also da habe ich dann auch meinen Anspruch an meinen Berufsstand und denke, das sollten wir auch können. Das gehört einfach dazu. Das sollte im Grunde jeder können.* (Justizvollzugsanstalt)

Andererseits kann sogar Positives in der Einbindung in die Einrichtung gesehen werden:

> *Ich muss auch gucken, eine gewisse Kontrolle auszuführen, zu der ich inzwischen aber auch stehe, was mir ja früher nicht so gelungen ist. Weil ich denke, bei den Sachen, die da ablaufen – es ist auch wichtig, dass die Leute das wissen. Denn dann können die auch damit umgehen. Dass man da nichts vormacht.* (Bewährungshilfe)

Erwähnt werden in diesem Zusammenhang auch lästige, die fachliche Arbeit hemmende Hygienebestimmungen, unklare Versicherungsauflagen und Datenschutzgesichtspunkte (Service-Büro Selbsthilfe im Altenbereich).

Ein anderer Aspekt struktureller Einflüsse auf erfolgreiche Soziale Arbeit betrifft den *Bereich der Konzeption und ihrer Umsetzung*. So wird darüber geklagt, dass der Träger kein wirkliches inhaltliches Interesse an der Arbeit einer Einrichtung habe (Angebote für Sinti/Roma) oder gar eher bremsend wirke (verbandliche Jugendberatung). Andererseits wird die Gleichgültigkeit des Arbeitgebers (Justiz) durchaus auch als positiv erlebt, weil dies den Freiraum für selbstverantwortetes Handeln eher erweitere (Justizvollzugsanstalt). Zum Teil werden unangemessene, veraltete Konzeptionen beklagt (stationäre Einrichtung der Wohnungslosenhilfe), aber auch gute Organisationsstrukturen nach außenbegleiteter Organisationsentwicklung gelobt (verbandliche Beratung für Migranten) oder erwartet (Mieterberatung/Wohnungsbauträger, Betriebssozialarbeit). Konflikte zwischen den Vorgaben der Konzeption, der Stellenbeschreibung, den Erwartungen der Anstellungsträger auf der einen Seite und Klientenbedürfnissen oder fachlichen Vorstellungen der Sozialen Arbeit auf der anderen Seite werden mehrfach erwähnt (Schuldnerberatung/Wohnungsnotfallhilfe, Betriebssozialarbeit, Mieterberatung/Wohnungsbauträger). Nur einmal wird erwähnt, dass es auch einen grundsätzlichen, strukturell vorgegebenen Konflikt zwischen Klienteninteressen und den Interessen der Sozialarbeiter als Arbeitnehmer geben kann:

> *Beschäftigte haben einen Anspruch auf bestimmte Arbeitszeitrechte, auf bestimmte Schutzschichten, Pausenansprüche usw. Die Kinder und Jugendlichen, die bei uns leben, haben ein Bedürfnis nach grenzenloser Zuwendung. (...) Und das ist eine Schere, die dann auch immer weiter auseinander klafft. Verkürzung der Arbeitszeit, Arbeitszeitenregelungen, (...) Pausenzeiten.* (Stationäre Einrichtung der Jugendhilfe)

Bedingungen und Barrieren der Inanspruchnahme von Einrichtungen werden ebenfalls als strukturelle Einflussgrößen angesehen. Gesellschaftliche Trends hin zu immer stärker gefährdeten Bevölkerungsteilen (stationäre Einrichtung der Jugendhilfe) oder die durch fehlende gesetzliche Aufträge entstehenden Grauzonen der Zuständigkeit für besonders schwierige Klienten (Bezirkssozialdienst) werden ebenso angesprochen wie die für eine Einrichtung günstigen Strukturen des Einzugsgebiets, die eine „leichte" Klientel beherbergen (Bezirkssozialdienst). Der Auftrag der Einrichtung wirkt sich deutlich auf die Ausgangssituation der Arbeit mit Klienten aus: Der Vorteil der Konzentration auf einen Stadtteil beim Allgemeinen Sozialen Dienst, die überwiegend zugehende Soziale Arbeit in einem Seniorenbüro (verbandliche Beratung für alte Menschen/Wohnraumanpassung), die konzeptionelle Niedrigschwelligkeit von Einrichtungen (stationäre Einrichtung der Drogenhilfe, Drogenberatung) oder die schützenden und Zeit lassenden Vorgaben einer stationären Einrichtung (Krankenhaussozialdienst/ Gerontopsychiatrie) stehen im Gegensatz zu den Zwangsbeziehungen einer Bewährungshilfe (Bewährungshilfe) oder der Misstrauen erzeugenden Zuweisung zu einer Einrichtung durch das Arbeitsamt (Beratung für Langzeitarbeitslose). Der schlechte Ruf einer Einrichtung oder die mangelnde Transparenz ihrer Angebote werden mehrfach als Strukturhemmnis angesprochen, zum Teil verbunden mit der Forderung nach mehr Öffentlichkeitsarbeit (Schuldnerberatung/Wohnungsnotfallhilfe, Jugendberufshilfe, kommunaler sozialpsychiatrischer Dienst, Schulsozialarbeit, Mieterberatung/Wohnungsbauträger, Krankenhaussozialdienst/Gerontopsychiatrie). Ein Beispiel der Förderung vorher fehlender Transparenz besteht in der Praxis, sich bei jedem neuen Klienten zunächst ausführlich vorzustellen und die eigene Arbeit und den Auftrag ausführlich zu erläutern (Schulsozialarbeit).

Die Qualität beruflicher Arbeit wird stark von der Qualität der beruflichen Kontakte beeinflusst (vgl. dazu Kähler 1999 b, c). Eine Äußerung illustriert dies besonders gut:

> *Ich (bin) eigentlich schon lange Zeit im sozialen Bereich hier in (...) tätig, von daher (habe) ich das Glück, eine ganze Reihe von Leuten zu kennen und auch einen kurzen Dienstweg zu haben zu den Institutionen, die für mich wichtig sind. Ich kenne natürlich nicht jeden Sachbearbeiter im Sozialamt, aber man kennt eben einfach bestimmte Bereiche, die für die Durchsetzung unserer Aufgaben wichtig sind im Bereich Pflegekassen, Krankenkassen, Sozialämter, Pflegeberatung, und da ist es gut, dass wir relativ kurze Wege haben.* (Verbandliche Beratung für alte Menschen/Wohnraumanpassung)

Informelle Kontakte bestehen zu Architekten, Technikern, Kaufleuten, anderen Verbänden, Beratungsstellen, Schulen, Ausbildungsbetrieben, Lehrern oder Pflegepersonal (Schulsozialarbeit, Mieterberatung/Wohnungsbauträger, stationäre Einrichtung der Jugendhilfe/Inobhutnahme, stationäre Einrichtung der Jugendhilfe, forensische Psychiatrie) Nur eine Untersuchungsperson beklagt, dass sie als Einzelkämpferin direkte Berufskollegen vermisse (Schulsozialarbeit). Die unter dem Gesichtspunkt der strukturellen Einflüsse auf den beruflichen Erfolg geäußerten Ansichten werden erweitert, wenn in Kapitel 8 die Antworten auf Fragen nach der Bedeutung externer Kontaktpersonen für den beruflichen Erfolg vorgestellt werden.

6. Intern: Vorgesetzte und berufsfremde Mitarbeiter

Dass die meisten Äußerungen über beruflichen Erfolg auf Klienten bezogen sind, kann nicht verwundern. Erfolg wird aber auch in Abhängigkeit von Merkmalen der Zusammenarbeit mit internen und externen Kooperationspartnern gesehen, jedenfalls dann, wenn explizit nach der Bedeutung dieser Personengruppen für den beruflichen Erfolg gefragt wird. Die internen Mitarbeitern rekrutieren sich aus sehr unterschiedlichen Teilgruppen: Zunächst geht es um Vorgesetzte (vgl. Kapitel 6.1), dann um Mitarbeiter der Verwaltung und andere berufsfremde Mitarbeiter (vgl. Kapitel 6.2). Danach werden die auf das Team bezogenen Erfolge Gegenstand der Diskussion sein (vgl. Kapitel 7.). Die Bedeutung externer Kooperationspartner wird in Kapitel 8 erörtert.

6.1 Interne Mitarbeiter: Vorgesetzte

Ein Teil der auf Vorgesetzte bezogenen Äußerungen betrifft die *Anerkennung*, die Sozialarbeiter durch ihre Vorgesetzten erfahren. Es geht darum, dass die eigene Arbeit durch die Vorgesetzten „ernst genommen wird“ (betreutes Wohnen für wohnungslose Frauen, ähnlich Angebote für Sinti/Roma), „dass (der) Vorgesetzte mir regelmäßig signalisiert, dass er meine Arbeit wertschätzt (...), dass ich diese Rückmeldung kriege“ (Schuldnerberatung/Wohnungsnotfallhilfe) und dass eine „fachliche Anerkennung stattfindet“ (Jugendberufshilfe). Besonders dann, wenn ein Sozialarbeiter eine leitende Position innehat und im eigenen Haus nur schwer Anerkennung bekommt, steigt die Wichtigkeit, über den Vorgesetzten Rückmeldungen und Anerkennung zu erfahren (kommunale Kindertageseinrichtung).

Dies sind aber eher seltene Äußerungen. Zahlreicher sind Hinweise darauf, dass *Vorgesetzte nur im Hintergrund wirken* und positiv bewertet werden, weil sie sich nicht einmischen und Freiraum lassen. Vorgesetzte reden kaum rein, „wir sind hier wirklich vogelfrei“ (Beratung für Langzeitarbeitslose). Allenfalls die Rahmenbedingungen werden von den

Vorgesetzten beeinflusst, an die sie sich aber selbst auch halten müssen – innerhalb derselben gibt es einen großen Handlungsspielraum. Typisch für diese Erfahrungswerte sind folgende Äußerungen (ähnliche Äußerungen bei: stationäre Einrichtung der Wohnungslosenhilfe, Krankenhaussozialdienst/Psychiatrie, Schulsozialarbeit, Mieterberatung/Wohnungsbauträger, forensische Psychiatrie):

> *(...) insofern abhängig, als mein Vorgesetzter mir meine strukturellen Rahmenbedingungen setzt, indem mein Vorgesetzter beispielsweise darüber entscheiden kann, welche Patienten zur Aufnahme kommen, wie lange Behandlungszeiten sind, in welchem Rahmen die Behandlung stattfindet (...). Insofern schon. Was den Inhalt meiner eigenen Arbeit angeht, bin ich relativ unabhängig. (...) ich kann hier meine Arbeit so gestalten, wie ich das möchte. Eingebunden in die Rahmenbedingungen, denen sich aber teilweise mein eigener Chef auch nicht entziehen kann. Wenn er durch die Krankenkassen mitgeteilt bekommt, dass eine Behandlung beendet werden muss, weil die Voraussetzungen für vollstationäre Behandlung nicht mehr gegeben sind, dann muss er sie beenden. Dann kann er sie selber auch nicht verlängern. Aber was meine eigene Arbeit angeht, bin ich relativ unabhängig.* (Krankenhaussozialdienst/Gerontopsychiatrie)

> *In der konkreten Durchführung meiner Arbeit lassen die mich in Ruhe, also da habe ich im Prinzip so gut wie nichts mit zu tun. Ich habe mit meinen Vorgesetzten praktisch (...) nichts mit zu tun. Ich habe einen sehr großen Ermessens- und Freiraum.* (Verbandliche Beratung für alte Menschen/Wohnraumanpassung)

Eine Untersuchungsperson macht in diesem Zusammenhang darauf aufmerksam, dass das Fehlen eines faktischen Vorgesetzten einerseits den Vorteil der selbständigen Arbeit habe, andererseits dadurch keine Bestätigungsquelle vorhanden sei: Es gäbe keine Anerkennung, „weil keiner weiß, was ich eigentlich mache" (Bewährungshilfe).

Die Bedeutungslosigkeit der Vorgesetzten wird mehrmals eingeschränkt durch den Hinweis auf ihre Wichtigkeit für das Außenhandeln der Einrichtung. Am besten kommt dies in der folgenden Äußerung zum Ausdruck (ähnlich stationäre Drogeneinrichtung, Drogenberatung):

> *Bei fachlichen Fragen spielt mein Vorgesetzter so gut wie gar keine Rolle. Das empfinde ich auch als positiv, dass er mir da wirklich freie Hand lässt (...), alles, was an fachlichen Fragen und Problemen auftaucht, selbständig hier in der Einrichtung (...) zu klären. Wo er eine wichtige Rolle spielt, wenn es um die Institution an sich geht, um die finanzielle Absicherung, um die politische Außenvertretung, um die Ein-*

bettung in die Jugendhilfelandschaft. (...) er ist auch wichtig für mich in Bezug auf die Verwaltung (...) da nutze ich ihn natürlich gern. (Stationäre Einrichtung der Jugendhilfe/Inobhutnahme)

Eindeutig positiv wirken Vorgesetzte auf das berufliche Erfolgserleben der Sozialarbeiter dann, wenn sie *fachlich unterstützend wirken.* Dies scheint besonders dann der Fall zu sein, wenn der Vorgesetzte der gleichen Berufsgruppe angehört (Beispiel 1), kann aber auch für berufsfremde Vorgesetzte gelten (Beispiel 2):

(1) (...) Glück, dass unser Geschäftsführer (...) Pädagoge (ist) und insofern haben wir da sehr viel Rückenwind, sehr viel Unterstützung. (Ambulante erzieherische Dienste)

(2) Es spielt für mich eine große Rolle, dass ich hier mit meinem jetzigen Vorgesetzten (einem Arzt) eigentlich gut zusammen arbeite. Er nimmt auf meine Fachlichkeit Rücksicht und erkennt sie an und manchmal gibt es eben medizinische Fragen, (...) da ist er es dann (...) Gutachten für das Amtsgericht (...). Wir geben uns eigentlich auch die Texte, die wir bearbeiten manchmal an einem Fall gemeinsam – eben ich für den sozialarbeiterischen, er für den psychiatrischen. Wir geben uns die gegenseitig auch zum Korrekturlesen. (Ausnahme: BTMG-Fragen.) (Kommunaler sozialpsychiatrischer Dienst)

Jenseits des gleichen fachlichen Hintergrunds ist aber wohl entscheidend, dass Vorgesetzte und Träger die Arbeit der Sozialarbeiter voll unterstützen und mittragen (ähnlich Service-Büro Selbsthilfe im Altenbereich, mobile Freizeitangebote für Kinder, Allgemeiner Sozialdienst):

Für mich ist das wichtig in der Unterstützung der Arbeit. Also ich erlebe das so, dass mein Gruppenleiter hier vor Ort die Arbeit, die (ich) mache, unterstützt und auch dahinter steht, von der Methode und von den Inhalten. (...) Besonders im Stadtteilmanagementbereich. (...) Von daher habe ich da auch sehr viele Freiräume und kriege auch die Unterstützung. (Jugendgerichtshilfe)

Wenn es um fachliche Dinge geht, konkret um die Ausgestaltung unserer sozialen, pädagogischen, beraterischen Arbeit, unserer Projektarbeit, haben wir die volle Unterstützung unseres Trägers. Im Gegenteil, wir werden oft auf Dinge aufmerksam gemacht, wo der Träger sagt, da könntet ihr ruhig ein bisschen (...) mehr tun. Da (...) geht es uns gut. (Verbandliche Jugendberatung)

Vor diesem Hintergrund kann es nicht verwundern, dass als beruflicher Erfolg erlebt wird, wenn fachliche Belange „nach oben" durchgesetzt werden können (stationäre Einrichtung der Jugendhilfe), zumal dann, wenn es gelingt, einen fachfremden Vorgesetzten zur Übernahme bestimmter Positionen zu bringen, so dass er sie nach außen vertritt (ähnlich Sozialpädagogische Familienhilfe):

> *Wenn ich meinem Vorgesetzten klarmachen kann, dass wir in bestimmten Bereichen das und das brauchen und (...) wenn er das übernimmt, dann hat er die Angelegenheit verstanden und dann ist es auch sehr positiv, wenn er sich dann vor uns stellt und versucht, (...) da für uns etwas zu tun. (...) Ich merke (...), dass unser Erfolg auch für ihn ein Erfolg ist.* (Betriebssozialarbeit)

Die Ausführungen der Befragten zu ihren Vorgesetzten zeichnen sich überwiegend durch positive Bewertungen aus. Dies mag überraschen, weil in der Literatur häufig von konfliktträchtigen Beziehungen die Rede ist (vgl. Kähler 1999b). So kann es auch nicht verwundern, wenn einzelne auf Probleme hinweisende Kommentare nicht völlig fehlen:

> *Die Praxis ist hier nicht so, wie ich sie mir wünsche. Der Vorgesetzte hat andere Vorstellungen und ist Hierarchiemensch. Der unterstützt das nicht. (...) Das ist eine Hürde. (...) ist auch schade drum, dass da viele Chancen ausgelassen sind. Das ist ein Zeitkiller, diese ständigen Auseinandersetzungen in der Hierarchie sind für mich Zeitkiller. Und das finde ich schade, dass das nicht erkannt wird. (...) Ich mache diese Arbeit hier immer so am Grat der Illegalität so. Das ist so, ich mache es, weil ich daran glaube, das ist richtig, aber riskiere immer bis zur Abmahnung was. Das ist so. Hierarchie, Verwaltung ist sehr klar strukturiert, und da sind drei plus drei fünf, und da muss ich diese fünf akzeptieren. Das kann ich nicht. Und das kann für den Bürger auch nicht gut sein. Ich kann nicht Sozialpädagoge sein, und dann (...) einen Verwaltungsmann leben. Das geht nicht (...), da gehört das zu, dass man beides macht.* (Bezirkssozialdienst)

> *Da war es mal so, dass der Amtsleiter gesagt hat, das ist ja alles Blödsinn, was da gemacht wird von mir, was sich dann aber umgekehrt hat im Laufe der Zeit und der nach einem dreiviertel Jahr dann gesagt hat, (...) dass er diese Arbeit schätzt. (...) das (ist so) wie das Fähnchen im Winde.* (Jugendgerichtshilfe)

6.2 Interne Mitarbeiter: Verwaltung und andere berufsfremde Mitarbeiter

Hinweise auf berufsfremde Mitarbeiter auf Vorgesetztenebene tauchten schon an anderer Stelle auf. Hier werden die Äußerungen der Befragten vorgestellt, die direkt die erfolgsbezogenen Erfahrungen mit Verwaltungsfachkräften und anderen berufsfremden Mitarbeitern innerhalb der eigenen Einrichtung betreffen.

Einige Befragte heben die Wichtigkeit guter Beziehungen und die ausgesprochen positiven Erfahrungen mit diesen Mitarbeitern hervor, ohne näher darauf einzugehen (z.B. Schuldnerberatung/Wohnungsnotfallhilfe, Angebote für Sinti/Roma). Dies bezieht sich auf engagierte Küchen- und Reinigungskräfte (kommunale Kindertageseinrichtung), die Sekretärin (verbandliche Jugendberatung) oder, teilweise allerdings negativ eingefärbt, auf den Hausmeister (Schulsozialarbeit, Schuldnerberatung/Wohnungsnotfallhilfe). Entscheidend scheint zu sein, dass bei aller Unterschiedlichkeit der Beitrag des anderen als wichtig angesehen und akzeptiert wird (betreutes Wohnen für wohnungslose Frauen, verbandliche Beratung für Migranten). Die Bedeutung guter Kontakte zu Angehörigen dieser Berufsgruppen kommt in einigen Äußerungen deutlich zum Ausdruck. So sagt ein Befragter, dass „50 % der Arbeitsenergie dafür drauf geht, da die Beziehungen zu halten" (forensische Psychiatrie). Ein anderer Befragter schildert eine Zielvereinbarung, nach der jährlich mindestens zwölf neue Kontakte in Betrieben aufzubauen seien:

> *Jeder Sozialarbeiter hat bestimmte Zielvereinbarungen (...), dass man zu soundsoviel Betrieben eine sogenannte Kontaktrunde gemacht hat. D.h. dass wir da mindestens zwölf mal im Jahr irgendeinen uns noch nicht bekannten Laden aufgesucht haben und uns da präsentiert haben. (...) Da sitzen zehn bis fünfzehn Leutchen und man stellt sich in solch einer Runde vor.* (Betriebssozialarbeit)

Einige Befragte geben Hinweise auf die Art der Anstrengungen, die sich bei der Etablierung guter Beziehungen zu diesen Mitarbeitern als hilfreich herausgestellt haben: gegenseitige Anerkennung, Verständnis füreinander, wechselseitige Transparenz der jeweiligen Arbeit, Einbeziehen der Arbeit des anderen in die eigene Arbeit, Begründung des eigenen Tuns. Exemplarisch für diese Einschätzungen stehen folgende Äußerungen (ähnlich auch Bezirkssozialdienst):

> *Ich habe den Leuten auch das Gefühl gegeben, dass ich ihre Arbeit für wichtig, anerkennenswert und im Ganzen für brauchbar hielt – halte, und wollte aber auch, dass man einsieht, dass auch meine Arbeit in dieses Ganze genauso gehört.* (Justizvollzugsanstalt)

> *Das ist dieses Geben und Nehmen. Also Akzeptanz auch (...) ich finde das toll (...), dass du das machst, oder kannst du das machen für mich noch? Ich wäre dir sehr verbunden, wenn du das noch*

schaffen könntest oder so. (...) könnte sie auch sagen, nein, ich gehe jetzt nach Hause und mache das morgen. (...) die Beziehung muss da stimmen. Und das ist aber auch so. (Jugendgerichtshilfe)

Der Grundkonflikt zwischen pädagogischen Leuten und Handwerkern und Technikern ist ja immer der, dass der eine denkt, der kann nur mit der Hand und der andere denkt, der kann nur mit dem Kopf, und das ist langweilig und albern. Ich versuche, (...) einen partnerschaftlichen Kontakt herzustellen, aber auch eine gewisse Distanz. (...) ich sage, ich hätte gerne Ihre Unterstützung bei (...). Ich muss nicht einen anrufen und sagen, kommen Sie mal her, ich habe eine Arbeit für Sie. (Jugendberufshilfe)

Wenn ich darüber informiert bin und auch weiß, was der Verwaltungsangestellte für einen Aufgabenbereich hat, was für den Wichtigkeit hat, kann ich mich darauf einstellen, und wenn ich das tue (...), dann gibt es eigentlich keine großen Probleme. Das ist eine Sache, wo man auch selbst was dran tun kann. (Sozialpädagogische Familienhilfe)

Ein gegenseitiges Lernen, die Beamten lernen von den Sozialarbeitern und umgekehrt. (...) da (sind) ganz gute Kontakte entstanden, die auch manches leichter machen, nämlich etwas gemeinsam für den Klienten erreichen (...). Da muss man nur aufeinander zugehen. (Allgemeiner Sozialdienst)

Hausmeister (sind) wichtig, immer so transparent zu machen, was man da so macht, also das versuche ich immer auch, indem ich den Kollegen immer erzähle, was ich ungefähr mache, dass die z.B. wissen (...). Und wichtig ist auch immer noch, deren Anteil an dem Gesamterfolg klar zu machen. (Service-Büro Selbsthilfe im Altenbereich)

Gerade in Bezug auf die Verwaltung ist es wünschenswert, dass hier unser Arbeitsfeld transparent ist. Unser Arbeitsalltag. Das ist ein Dauerthema, das ich kenne, seitdem ich in der Sozialen Arbeit bin. Genau wie es wahrscheinlich genauso gut wäre, wenn wir wüssten, wie der Arbeitsalltag in der Verwaltung ist. Ich glaube, dass wir da manchmal recht hilflos gegenüber stehen. (...) da ich mich auch einlasse auf Gespräche dort und mir auch erklären lasse, warum einfach Dinge so und nicht anders laufen können (...). (Stationäre Einrichtung der Jugendhilfe/Inobhutnahme)

Es (hat) auch soviel Unzufriedenheit gegeben. Es (kann) nur über diesen kooperativen Stil laufen. Also auch anzuerkennen, welche Tätigkeiten die Kolleginnen und Kollegen für mich selbst auch verrichten. Aber andererseits auch deutlich machen, also auch transparent zu machen, wie wichtig meine Arbeit auch für deren Erledigung ist. Also dass schon klar ist, der eine braucht den anderen. Also jedem auch sein Stück des Erfolgs zu belassen. (...) Also auch (...) Rückmeldungen zu geben. Also auch Wertschätzung gleichermaßen (...) zukommen zu lassen, (...) ein Lächeln. (Mobile Freizeitangebote für Kinder)

Pädagogen haben häufig da andere Vorstellungen als Verwaltungsfachleute, haben auch andere Aufgaben. (Auch:) handwerklicher Bereich, Zivildienstleistende. Da prallen häufig auch Interessen gegeneinander. (...) für gegenseitiges Verständnis werben (...) und das gelingt eigentlich darüber, wenn denn auch die fachfremden Berufsgruppen (...) einen Durchblick haben von Notwendigkeiten, Hintergründen (...) der Klienten. (Stationäre Einrichtung der Jugendhilfe)

Das Einbeziehen der berufsfremden Mitarbeiter in die eigene Arbeit wird in den folgenden beiden Auszügen besonders deutlich. Die Beteiligung an Dienstgesprächen und Hilfeplangesprächen führt zu einer Qualitätssteigerung der eigenen Arbeit und trägt darüber hinaus offensichtlich dazu bei, dass wechselseitige Akzeptanz und Wertschätzung wachsen können:

Es war auch schon mal anders. Wenn das nicht funktioniert, (...) da kann man theoretisch sich schon gegenseitig ärgern, denn das Schreibzimmer hat auch eine ziemliche Macht, langsam oder sonst wie zu arbeiten. (...) wir beziehen die eigentlich in die Arbeit mit ein. (...) gemeinsame Dienstbesprechungen. (...) Die sind auch in die Arbeit so mit einbezogen, weil die auch einen direkten Kontakt zu unseren Klienten haben, und die sehen die ja, machen die Tür auf oder haben die am Telefon, und man spricht auch schon mal darüber, d.h. es ist nicht so abgehoben (...). (Bewährungshilfe)

Ich fahre z.B. auch ganz gerne zu Hilfeplangesprächen mit der zuständigen Kollegin von der wirtschaftlichen Jugendhilfe. Die hat z.B. im materiellen Bereich diesen oder jenen Beitrag, oder sie sieht auch einfach mal mit anderen Augen, was sind das für Menschen und lernt meine Berichte vielleicht auch anders lesen im Sinne von, ja, da würde ich auch mal unterstützen, jetzt gehen mir die Augen auf, und vorher habe ich immer gedacht, was geben wir denn Geld dafür aus, muss das denn unbedingt sein? Überzeugungsarbeit leisten. Und das macht man, indem man aus der Hütte rauskommt. Da darf man sich nicht eingraben. (Allgemeiner Sozialdienst)

Interessant sind Äußerungen zu der Frage der *Abgrenzung der Aufgaben*. Wiederholt wurde schon in den Äußerungen der Untersuchungspersonen für Transparenz der jeweiligen Aufgabengebiete geworben (s.o.).

Noch deutlicher wird dies, wenn auf die Notwendigkeit „ganz klarer Stellenbeschreibungen" verwiesen wird (betreutes Wohnen für wohnungslose Frauen) oder auf präzise Arbeitsabsprachen:

> *Grundsätzliche Voraussetzung (ist) eine klare Arbeitsabsprache, also eine Arbeitsaufteilung. Eine Begrenzung von Arbeitskompetenzen (...), dass auch die Verwaltungsmitarbeiterin an den Teams teilnimmt und da eben auch Einzelfallbesprechungen laufen, dass da also auch für die Verwaltungsmitarbeiterin eben Hintergrund auch entsteht (...).* (Drogenberatung)

Die beiden folgenden Auszüge belegen die Probleme, die entstehen können, wenn in einem Team (scheinbar) Gleichheit propagiert und die unterschiedlichen Arbeitskompetenzen verwischt werden:

> *Mein Chef sagte da halt eben, alle sind gleich. Und die betreuen jetzt genauso Klienten wie ich und haben für ihre ursprünglichen Aufgaben keine Zeit mehr und ich muss halt noch (hauswirtschaftliche) Aufgaben mitmachen. (...) die arbeiten natürlich anders als ich, der eben eine sozialpädagogische Ausbildung hat, so guckt die Ökotrophologin mehr auf den Gesundheitszustand und die Ernährung der Bewohner. (...) aber das kommt jetzt nur noch einem Teil der Bewohner zugute, und meinem Teil fehlt der halt dann. Und umgekehrt ist es dann genau so.* (Stationäre Einrichtung der Wohnungslosenhilfe)

> *(Die Beziehung) sollte klar gestaltet sein. (...) Ich habe das vorher in andern Jobs anders erlebt. Da waren irgendwie alle ganz gleich. Und das nervt. (...) Dass einfach sehr klar gegliedert ist, was ist mein Job, was ist ihr Job, und da ich hier alles (...) als sehr klar erlebe, finde ich das überhaupt nicht schwierig.* (Stationäre Einrichtung der Drogenhilfe)

Die Schlussfolgerungen aus diesen Äußerungen sind eindeutig: Akzeptanz und Anerkennung der Arbeit der Vertreter anderer Berufsgruppen sind notwendige Voraussetzungen für erfolgreiche Soziale Arbeit. Diese Perspektive darf aber nicht dazu führen, dass die eigene Arbeit keine klaren Konturen mehr aufweist – fachliche Abgrenzungen und deren transparente Vermittlung sind ebenso wichtige Voraussetzungen für beruflichen Erfolg. Die *erfolgreiche Abgrenzung* gegenüber anderen Berufsgruppen stellt deshalb auch ein mehrfach erwähntes Anliegen der Befragten dar. Ein Befragter wünscht sich, „dass die sich nicht in mein Arbeitsfeld einmischen" (Mieterberatung/Wohnungsbauträger), ein anderer äußert:

> *Abgrenzung ist so das größte Thema der Sozialarbeit im Krankenhaus, und Erfolg erfährt man durch diese Berufsgruppe eigent-*

lich gar nicht. Man spielt Feuerwehr, man erledigt die Dinge, aber eine positive Rückmeldung erhält man dann in der Regel nicht. (Krankenhaussozialdienst/Psychiatrie)

Zwei Befragte wünschen sich, dass die Sachbearbeiter im Verwaltungsbereich weniger gehemmt und ängstlich und mit mehr Selbstvertrauen auftreten (stationäre Einrichtung der Wohnungslosenhilfe, Beratung für Langzeitarbeitslose).

7. Interne Kontaktpersonen: Kollegen im Team

Die Einbindung des einzelnen Mitarbeiters in ein offenes, vertrauensvoll kooperierendes und unterstützendes Team von Kolleginnen und Kollegen ist eine wichtige Rahmenbedingung eines als befriedigend erlebten beruflichen Alltags („das Team als Ressource"). Die Erfahrung, gemeinsam mit Kollegen „an einem Strang zu ziehen" und in eine kollegiale Anerkennungsgemeinschaft eingebunden zu sein (Austausch von Akzeptanz, wechselseitigem Respekt, Anerkennung und Vertrautheit), fördert Arbeitsbindung und Arbeitsmotivation, sie liefert Orientierung, Sicherheit und emotionalen Rückhalt in der Bewältigung belastender Arbeitssituationen und ist somit ein wichtiger Schutzfaktor gegen eskalierende Spiralen des Burning-out. Ein Blick in die Literatur zeigt, dass Teamqualität sich stets aus mehreren komplementären Bausteinen zusammensetzt (vgl. ausführlich Herriger 2002, S. 207ff). Hierzu zählen u.a.:

- Die Verständigung des Teams auf ein gemeinsames Leitbild der Institution: die Erarbeitung und die beständige Weiterentwicklung und Neuanpassung gemeinsamer Vorstellungen im Hinblick auf Konzeption der Einrichtung, institutioneller Auftrag und Zielvereinbarungen, Menschenbild, Methodenkatalog usw.
- Die mutmachende kollegiale Fallberatung: die Unterstützung des einzelnen in der Fallbearbeitung und in der Bewältigung von problematischen und belastenden Situationen des beruflichen Alltags.
- Die offene und multiperspektivische Reflexion des institutionellen Settings und des beruflichen Handelns, die Akzeptanz von Unterschiedlichkeit in Problemperspektiven, methodischem Handeln, Arbeitsstil usw.
- Der offene Fluss von Informationen und eine partizipative Struktur der teaminternen Entscheidungsfindung.
- Verlässlichkeit im Hinblick auf kollegiale Absprachen und Vereinbarungen und eine gemeinsam geteilte Ergebnisverantwortung.
- Die Dokumentation von Gemeinsamkeit in der Außendarstellung des pädagogischen Teams gegenüber Klienten, Vorgesetzten, (Kosten-)Trägern und kooperierenden Diensten.

Das Thema „Teamqualität und produktive Teamstrukturen" war Gegenstand eines differenzierten Fragenkatalogs. In einer ersten offenen Frage haben wir die subjektiven Erfahrungen der befragten Praktiker im Hinblick auf produktive Teamintegration abgefragt (vgl. Kapitel 7.1). In einem zweiten Thematisierungsschritt wurden spezifische Einzelaspekte des Teamalltags in den Blick genommen: Kollegiale Fallbesprechungen (vgl. Kapitel 7.2), Mischungsverhältnis und Komplementarität der im Arbeitsalltag eingesetzten Methoden (vgl. Kapitel 7.3), der produktive Umgang mit Konflikten auf der Ebene des Teams (vgl. Kapitel 7.4), die gemeinsame Arbeit an einer Teamphilosophie (vgl. Kapitel 7.5), die fachliche Anerkennung der geleisteten Arbeit (vgl. Kapitel 7.6.) sowie Erfahrungen mit Verfahren der Teamsupervision (vgl. Kapitel 7.7).

7.1 Kollegen im Team allgemein

Der Katalog der Antworten auf die einleitende offene Frage nach konkreten Erfahrungen mit einer produktiven Teamqualität ist sehr umfangreich. Die Antworten spiegeln „zwischen den Zeilen" eine insgesamt hohe teambezogene Arbeitszufriedenheit. Die Befragten zeichnen ein in weiten Passagen positives Bild von kollegialer Kooperation und Teamkultur – ein Bild, das durch viele Beispiele und konkrete Erfahrungen belegt wird. Nur in wenigen Statements (insbesondere von Mitarbeiter der Strafrechtspflege: Justizvollzugsanstalt, Bewährungshilfe, Jugendgerichtshilfe) kommen Negativerfahrungen und enttäuschte Erwartungen im Hinblick auf kollegiale Kooperation zum Ausdruck. Um in diese bunte Vielfalt von Aussagen Ordnung zu bringen, haben wir die Statements in zwei Kategorien eingeteilt: Die erste Kategorie umfasst alle Aussagen, die sich auf grundlegende personale Qualifikationen beziehen, welche notwendige und unerlässliche Startbedingungen für die Gestaltung von Teamqualität sind. Die zweite (umfangreichere) Kategorie umfasst alle Aussagen, die sich auf die Leistungen von integrierten Teams beziehen.

7.1.1 Personale Voraussetzungen einer gelingenden Teamintegration

Grundvoraussetzung einer produktiven Teamqualität – darin wissen sich die befragten Praktiker einig – ist ein von allen Teammitgliedern geteilter Katalog personaler Basisqualifikationen (Einstellungen, Haltungen, kollegiale Verkehrsformen). Der Blick richtet sich hier auf „die menschliche Seite" kollegialer Interaktion, also auf eine „stimmige Chemie der Beziehungen", die das Fundament einer als befriedigend erlebten Beziehungsqualität am Arbeitsplatz ist. Offenheit und Transparenz, Respekt für andere und wechselseitige Akzeptanz auch von Unterschieden, ein Sich-Einlassen-Können auf die Anliegen und Bedürfnisse der Kollegen sowie ein Sich-ernst-genommen-Fühlen – das sind Umschreibungen dieser für die Teamzufriedenheit unerlässlichen personalen Grundqualifikationen. Hier einige Auszüge aus unseren Interviews:

> *(...) eine grundlegende Akzeptanz, auch in unseren sehr unterschiedlichen Arbeitsweisen.* (Betreutes Wohnen für wohnungslose Frauen)
>
> *(...) gegenseitig ernst genommen werden (...) wenig Neid und Konkurrenzdenken (...) Respekt und Akzeptanz (...).* (Schuldnerberatung/Wohnungsnotfallhilfe)
>
> *(...) eine wechselseitige Verbundenheit (...) jeder versucht, seine Stärken, aber auch seine Schwächen einzubringen.* (Angebote für Sinti/Roma)
>
> *(...) grundsätzlich die Akzeptanz, dass der Beitrag eines jeden zur Fallbearbeitung wichtig ist.* (Verbandliche Jugendberatung)
>
> *(...) dass wir uns gegenseitig immer auch ein Stück zur Verfügung stehen. (...) die Möglichkeit, mit den Kollegen problemorientiert reden zu können, d.h. also bei den Kollegen immer eine Ressource vorzufinden, so dass diese – dann, wenn ich es brauche – auch Zeit und Energie haben.* (Drogenberatung)
>
> *(...) Meinungen, auch wenn sie konträr sind, offen austragen können (...).* (Jugendberufshilfe)
>
> *(...) gegenseitige Akzeptanz und Toleranz des anderen. (...) zulassen, dass nicht nur die eigene Ansicht die einzig mögliche Sichtweise der pädagogischen Arbeit ist (...).* (Kommunale Kindertageseinrichtung)
>
> *Offenheit und Akzeptanz (...), dass man in der Lage ist, auftretende Probleme wirklich ehrlich und gut miteinander auszutragen, ohne dass da sehr viel Emotionalität hineinspielt (...).* (Krankenhaussozialdienst/Psychiatrie)
>
> *(...) ein hohes Maß an Vertrautheit (...).* (Stationäre Einrichtung der Jugendhilfe/Inobhutnahme)
>
> *Notwendig ist ein hohes Maß an Übereinstimmung, an Reflexionsfähigkeit und an Austausch über die Schwerpunkte und Ansätze des anderen und eine Bereitschaft, auch die Unterschiede zu akzeptieren. Ein solches Maß an Übereinstimmung ist notwendig und zugleich können Differenzen auch bereichernd und belebend sein.* (Stationäre Einrichtung der Jugendhilfe).

7.1.2 Leistungen integrierter Arbeitsteams

Zu diesem Bereich liegt eine Fülle von Äußerungen unserer Gesprächspartner vor. Die besondere Leistung eines gut integrierten Teams wird von ihnen vor allem in der emotionalen Unterstützung der einzelnen Teammitglieder im Hinblick auf die individuelle Fallbearbeitung gesehen. Kommentiert werden aber auch die Herstellung von Gemeinsamkeiten im Team und deren Darstellung nach Außen sowie die Potenziale wechselseitiger Anerkennung. Selbstverständlich bleiben auch Fallstricke der Teamkultur nicht ausgespart. Im einzelnen:

Unterstützung des Einzelnen in der Fallbearbeitung

Eine produktive Qualität von Team dokumentiert sich für die befragten Praktiker in der Unterstützung und Hilfestellung, die sie in der Bearbeitung aktueller Fälle erfahren. Das Team ist dem Einzelnen hier ein Spiegel, in dem laufende, aber auch schon abgeschlossene Fälle reflektiert werden können. So erfahren die Befragten im fallbezogenen Austausch von ihren Kollegen Anerkennung für die gelingenden Anteile der geleisteten Arbeit. Sie können sich über schwierige Anteile der Fallbearbeitung, über Stillstände, Sackgassen und personale Grenzen in der fallbezogenen Arbeit austauschen; sie gewinnen Anregungen, Handlungsalternativen und neue Perspektiven durch den „Blick der anderen"; und sie erfahren durch das andersartige methodische Profil der Kollegen Anregungen für die Erweiterung der eigenen beruflichen Kompetenzen.

Ermutigende Rückmeldungen der Kollegen zur laufenden Fallbearbeitung:

Ich finde total wichtig, dass die Kollegen immer ein Stück mitbekommen, was man da so macht. Das ist auch ein Element der subjektiven Erfolgskontrolle, wenn die Kollegen dann sagen: „Gut gemacht". Also Zeugen dafür zu haben, dass die Anstrengung (Lachen) *irgendwas gebracht hat. Und dann in den Kollegen Leute zu haben, die dann sagen: „Finde ich klasse oder mutig" – das finde ich gut.* (Service-Büro Selbsthilfe im Altenbereich)

Präsentation der eigenen Tätigkeit vor dem Publikum der Kollegen:

Wir treffen uns im Team regelmäßig vierzehntägig, und was mir ganz wichtig ist, dass jeder im Team einen Platz, Raum und auch Zeit hat, um seine Arbeit darzustellen, um seine Probleme darzustellen und dass das auch gegenseitig ernst genommen wird. (Schuldnerberatung/Wohnungsnotfallhilfe)

Transparenz im Hinblick auf die schwierigen Anteile der alltäglichen Arbeit:

Für mich ist in einem Team wichtig, dass grundsätzlich jeder den Willen hat, seine Arbeit gut zu machen und dass er auch hinter unserem Konzept steht. Auf dieser Grundlage halte ich es für wichtig, dass man sich austauscht, dass man transparent ist, dass man Misserfolge eingestehen kann oder anmelden kann, „jetzt klappt es bei mir nicht so gut". Dass man sich dann miteinander unterhält und wechselseitig stützt. (Ambulante erzieherische Dienste)

Kollegiale Fallbearbeitung: emotional entlastender Austausch und Entscheidungshilfe in fallbezogenen Situationen der Unsicherheit

Die kollegiale Fallbearbeitung ist nach der Einschätzung der von uns befragten Praktiker ein wichtiger Baustein von Teamqualität. Hier ist der Ort, an dem die schwierigen Anteile der Arbeitsbeziehungen zu Klienten zur Sprache gebracht und zugleich blinde Flecken der eigenen Fallbearbeitung durch Hinweise und Anregungen der Kollegen sichtbar gemacht werden können. Neben diesem fachlich-methodischen Aspekt betonen die Praktiker zugleich die emotionale Entlastungsfunktion dieses Aufgehoben-Seins im Team: Belastende und emotional anrührende Facetten der Beziehungsarbeit können dort, wo man sie mit Kolleg teilen kann, leichter ertragen und ohne beschädigende Spuren in der professionellen Identität verarbeitet werden. Die befragten Sozialarbeiter messen schließlich der kooperativen (multiperspektivischen) Fallbearbeitung einen hohen Stellenwert zu – sei es im Sinne einer kooperativen multiperspektivischen Problemdiagnose (Krankenhaussozialdienst/ Gerontopsychiatrie), sei es im Sinne einer fallbezogenen Bündelung und Verknüpfung der Arbeitsbeiträge mehrerer Mitarbeiter (case management) (verbandliche Beratung für alte Menschen/Wohnraumanpassung).

Kollegiale Hilfe in der Bearbeitung schwieriger Fälle:

Wir haben regelmäßig Supervision. Auf diese Weise kann ich mir immer Hilfe holen, wenn ich selber nicht weiter komme. Das ist für mich auch ganz wichtig – dass ich dann, wenn ich in der Einzelarbeit mit einem Klienten einfach nicht weiter weiß oder einen Ratschlag brauche, immer auch das Team fragen kann oder einzelne aus dem Team um Hilfe bitten kann. (Stationäre Einrichtung der Wohnungslosenhilfe)

Wichtig ist in erster Linie, dass wir uns zuhören, dass wir zusammen Fälle besprechen. Dass wir bei schwierigen Geschichten zusammen arbeiten und uns auch gegenseitig vertreten. Und – was ganz wichtig ist dabei – dass man sich aufeinander verlassen kann, dass gemeinsame Absprachen auch eingehalten werden. Ich habe jetzt das Glück, in einem Team zu sein, wo das funktioniert. (Kommunaler sozialpsychiatrischer Dienst)

Grundvoraussetzung ist, dass ein bestimmtes Vertrauensverhältnis existiert in einem Team, dass man sich aufgehoben fühlt, dass man auch seine persönlichen Schwierigkeiten evtl. in bestimmten Arbeitsbereichen oder mit bestimmten Klienten einbringen (kann). Ist diese Voraussetzung geschaffen, dann ist innerhalb eines Teams auch eine kollegiale Fallbesprechung möglich. Dass wirklich jeder auch seine Ideen und seine Meinung dazu äußern kann, und dass die angenommen werden können. Und dass dies in einer Atmosphäre passiert, die auf einer sachlichen Ebene ist und die eben nicht durch emotionale Spannungen gestört wird. Das ist natürlich eine Wunschvorstellung (Lachen), *aber ich denke, daran sollte man in einem Team arbeiten.* (Sozialpädagogische Familienhilfe)

Emotionale Entlastung durch fachlichen Austausch:

Wichtig finde ich, ist, dass man in Drucksituationen Stress loswerden kann. Dass da ein paar Kollegen sind, die zuhören und dann sagen, „ach komm, trinken wir eine Tasse Kaffee, lass uns mal gucken". Hilfreich ist manchmal gar nicht so sehr der inhaltliche Ratschlag, sondern überhaupt die Tatsache, ich habe einen Ort, da kann ich mich entlasten, ich muss nicht alles mit nach Hause nehmen. Das finde ich ganz wichtig. Dass ich das hier immer „entsorgen" kann. (Service-Büro Selbsthilfe im Altenbereich)

Methodisches Assessment als Basis einer multiperspektivischen Fallreflexion:

Was wir hier betreiben und was ich als sehr erfolgreich erlebe, ist die gemeinsame Verwendung eines spezifischen Rüstzeugs. Wir betreiben bspw. ein sehr konzentriertes Assessment. Dies hat den Vorteil, dass ich ganz strenge Kriterien habe bei der Bewertung von Problemsituationen bei Patienten, dass ich diese sehr genau benennen kann. Und wenn ich sehr genaue Definitionen und sehr genaue Benennungen habe, ist die Zusammenarbeit m.E. fruchtbarer, denn ansonsten treten häufig Missverständnisse auf. Das Abgleichen unterschiedlicher Sichtweisen ist für die Beurteilung einer Gesamtsituation wichtig. Ich habe eine medizinische Sichtweise, eine pflegerische Sichtweise, ich habe die psychologische Sichtweise, die soziale Sichtweise. Ich kann aber davon nur profitieren, wenn ich meine eigene Perspektive für jeden verständlich mache. Ich muss also dafür sorgen, dass jeder jede dieser Sichtweisen auch verstehen kann. Und da helfen solche Assessment-Projekte weiter, weil sie die Problemebenen, die die einzelnen Berufsgruppen wahrnehmen und bearbeiten, auch für andere Berufsgruppen erkennbar und sichtbar machen, so dass man dann auch zu gemeinsamen Problemlösungen kommen kann. (Krankenhaussozialdienst/Gerontopsychiatrie)

Kooperative Fallbearbeitung im multiprofessionellen Team

Wichtig ist, dass wir unsere Fälle unter den verschiedensten Gesichtspunkten ausleuchten können, um dann eine gemeinschaftliche Lösung zu finden. Ein Beispiel: Wir haben einen älteren türkischen Menschen und ich sage: ja, eigentlich braucht der eine Pflegestufe, und ich helfe ihm bei den Verwaltungsdingen. Die türkischen Kolleginnen klären ab, welcher Pflegebedarf in der Familie vorhanden ist, und wir klären gemeinsam ab, muss in der Wohnung noch etwas umgebaut werden. Eine solche gemeinschaftliche Fallbearbeitung ist eine wichtige Sache. (Verbandliche Beratung für alte Menschen/Wohnraumanpassung)

Die Herstellung von Gemeinsamkeit im Team

Eine produktive und unterstützende Teamqualität ist für unsere Gesprächspartner des Weiteren Produkt einer hohen intersubjektiven Übereinstimmung und Gemeinsamkeit im Arbeitsalltag („an einem Strang ziehen"), die jedoch auch Differenz und subjektive Unterschiedlichkeit aushalten muss. Eine gemeinsam geteilte informationelle, konzeptionelle und methodische „Arbeitsplattform" – so die Einschätzung der Praktiker – ist das unverzichtbare Fundament einer vertrauten und verlässlichen kollegialen Kooperation. Mit Blick auf diese Gemeinsamkeit werden unterschiedliche Aspekte benannt: eine offene einrichtungsinterne Informationspolitik, ein hohes Maß an Gemeinsamkeit im Hinblick auf konzeptionelle Inhalte, Zielvorgaben und leitendes Menschenbild, Transparenz der Arbeitsabläufe und eine hohe Verlässlichkeit im Hinblick auf gemeinsame Planungen und Arbeitsvereinbarungen, schließlich das offene Austragen von konträren Positionen und das Verknüpfen von individuellen Stärken und Kompetenzen. Die Herstellung dieser „Zonen der Gemeinsamkeit" ist freilich eine berufspraktische Daueraufgabe – sie bedarf eines beständigen und intensiven (durchaus auch kritisch gefassten) kollegialen Austauschs.

Ein offener Fluss von Informationen im Team:

Ein reger Informationsfluss (...), dass Informationen nicht zurückgehalten, sondern stets offen und ohne Filter an alle weitergegeben werden. (Drogenberatung)

Wir sind sehr hier in der Heimsituation stark auf einen sehr engen Informationsaustausch angewiesen, das ist für uns eigentlich das A und O, das Team also möglichst auf dem gleichen Informationsstand zu halten. (Stationäre Einrichtung der Jugendhilfe/Inobhutnahme)

Ein für uns zentrales Thema ist das Thema Offenheit innerhalb der Kommunikation, und das hakt hin und wieder. Es ist wichtig, dass dieses Thema immer wieder beackert wird. Wenn z.B. wieder irgend etwas schief gelaufen ist, weil sich jemand von uns vieren unzureichend informiert fühlt. (Betriebssozialarbeit)

Die gemeinsame Entwicklung konzeptioneller Inhalte und die Formulierung von Zielvereinbarungen:

(...) die konzeptionellen Inhalte, die das betreute Wohnen betreffen – alle Teammitglieder haben diese Inhalte getragen und zusammengestellt. (Betreutes Wohnen für wohnungslose Frauen)

Wir sind hier zu viert. Wir machen es so, dass wir unsere Zielvereinbarungen für das laufende Jahr gemeinsam formulieren. Daneben gibt es alle zwei Jahre ein Treffen, in dem wir uns in einem gegenseitigen Führungsdialog ein Feedback geben. (Betriebssozialarbeit)

Ein gemeinsames Menschenbild und Methodenvielfalt als Bereicherung:

Eine Grundeinstellung, also bei den Stärken ansetzen, nicht die Schwächen herauspicken, das ist für mich Menschenbild, und das gehört für mich notwendig zu einer konstruktiven Teamarbeit dazu. Und wenn diese Basis vorhanden ist, dann gehört dazu natürlich auch eine gegenseitige Unterstützung, eine gegenseitige Anregung, sicherlich auch eine gegenseitige Kritik. (Stationäre Einrichtung der Jugendhilfe)

Wichtig und hilfreich ist zunächst einmal das Zusammentragen der verschiedenen Sichten, die jeder von seiner Grundposition, von seiner Grundausbildung hat. Hinzu kommt zusätzlich die Akzeptanz, das Einverständnis, dass jeder etwas zur Bewältigung schwieriger Fälle leisten kann. Das klingt alles ein bisschen lehrbuchhaft. Wir haben alle das gleiche Bild vom Menschen – dieses gemeinsame Menschenbild lässt die Methodenvielfalt zurücktreten. Aber der Methodenreichtum in unserem Team ist sehr unterstützend für eine möglichst umfassende Hilfestellung. Wir erfahren dies als eine Bereicherung, dass man mit mehreren verschiedenen Ansätzen eine Behandlung oder eine Begleitung betreiben kann. (Verbandliche Jugendberatung)

Transparenz der Arbeitsabläufe und gemeinsame Absprachen:

Regelmäßige Teamsitzungen in der Woche – hier in unserer Einrichtung ist viel an Absprachebedarf, so dass die Arbeit jedes einzelnen Mitarbeiters ziemlich transparent sein muss. Ich weiß, was in jeder Gruppe läuft, und ich weiß, dass unsere gemeinsamen Absprachen umgesetzt werden. (Stationäre Einrichtung der Wohnungslosenhilfe)

Verlässlichkeit in der Planung und in gemeinsamen Absprachen:

Wichtig finde ich, dass man sich vornimmt, bestimmte Dinge auch abzuarbeiten, dass man verlässlich plant und jeder seinen Teil dazu beiträgt. Wenn man z.B. eine Nachbarschaftsfeier organisiert – das machen wir einmal im Jahr – dann muss man da auch wirklich verlässlich zusammenarbeiten (...). Verlässlichkeit auch in der Beziehung zum Klienten: Wenn ich die Termine nie wahrnehme, dann wird vielleicht auch nie eine Beziehung entstehen. Das ist eine ganz konkrete Angelegenheit, die Termine mit Klienten einzuhalten, da verlässlich zu sein als Partner. (Ambulante erzieherische Dienste)

Akzeptanz unterschiedlicher fachlicher Perspektiven und die Koordination individueller Stärken und Kompetenzen:

Unser Team erlebe ich dann als erfolgreich, wenn es uns gelingt, einen gemeinsamen Strick zu finden und wir dann auch daran mit den unterschiedlichsten Kräften und manchmal auch in unterschiedlichen Richtungen ziehen. Wichtig ist mir, dass die unterschiedlichen Meinungen im Team, auch wenn sie noch so konträr sind, offen ausgetragen werden. Das gelingt oft, aber bei weitem nicht immer. Daran arbeite ich, und daran messe ich auch unseren Erfolg im Team. (Jugendberufshilfe)

Wir sind in unseren Arbeitsweisen sehr unterschiedlich, aber die Akzeptanz ist sehr hoch, und das ist für mich ein wichtiger Pluspunkt der Teamarbeit. Dass jede Meinung zum Tragen kommen kann und nicht gewertet wird. (Betreutes Wohnen für wohnungslose Frauen)

Jeder versucht, seine Stärken mit ins Team hinein zu bringen und auch seine Schwächen. Und dann gucken wir, wer übernimmt was, welchen Part? Also zu sagen, das kannst du besser, das kann ich besser. Dann mach du das. Ja. Auf diese Weise erfahre ich die Kollegen als eine unheimliche Bereicherung – als eine Bereicherung für mich als Mensch und für meine Arbeit. (Angebote für Sinti/Roma)

Emotionale Integration – die Herstellung einer Kultur wechselseitiger Achtung, Akzeptanz und Anerkennung

Wir haben es bereits oben angesprochen: Die personale Verbundenheit und die emotionale Integration im Team sind für die Befragten Prüfsteine, an denen Arbeitsqualität und Berufszufriedenheit konkret erfahrbar werden. Vor allem dort, wo das Team in eine Kultur wechselseitiger Achtung, Akzeptanz und Anerkennung eingebunden ist, bestehen günstige Voraussetzungen für eine Arbeitsatmosphäre, in der sich Engagement, Verantwortungsbereitschaft und durchaus kritischer kollegialer Diskurs miteinander verknüpfen.

Das Gefühl der Verbundenheit:

Eine Verbundenheit – gerade auch jetzt in dieser Situation, so weit außerhalb des traditionellen Hilfesystems und seiner Institutionen zu arbeiten. Wir fühlen uns sehr untereinander verbunden. (Angebote für Sinti/Roma)

Fachliche Auseinandersetzung ohne persönliche Kränkung:

Dass wir uns auf sachlicher Ebene auseinandersetzen können, ohne dass ich dabei jemanden persönlich angreife oder mich persönlich jemand kränkt. Das kann ich natürlich nicht ständig ausschließen, aber ich denke, wenn das passiert, dann ist es schon sehr hilfreich und entlastend, wenn wir uns dann hinterher darüber noch unterhalten können in dem Sinne: Das hat mir nicht gefallen, da bist du mir auf den Schlips getreten usw. Und dafür haben wir auch regelmäßig Supervision. (Betreutes Wohnen für wohnungslose Frauen)

Die Übernahme von gemeinsamer Verantwortung:

Wir hatten bis vor einem halben Jahr ein leiterloses Team und damit auch eine hohe gemeinsame Verantwortung. Wir hatten das Gefühl, dass das von unserem Träger mit unterstützt wurde und unsere Kompetenzen auch von der Spitze gesehen werden. Das gab uns sehr viel Vertrauen. Wir hatten in der Ausgestaltung der Leitungsaufgaben eine relativ große Handlungsfreiheit. Das ist ein großes Plus gewesen. (Verbandliche Jugendberatung)

Die Teamarbeit lebt von der Bereitschaft aller, auch die Unterschiede zu akzeptieren. Ein gewisses Maß an Übereinstimmung ist notwendig – und die Sachen, die voneinander abweichen, die können ja auch bereichernd und belebend sein und den Gesamtprozess durchaus positiv voranbringen. Die Supervision ist eine Methode, die helfen kann, eine solche Übereinstimmung herzustellen, regelmäßige Besprechungen mit dem Team, Austausch. (Stationäre Einrichtung der Jugendhilfe)

Die offene Austragung von Konflikten:

Offenheit und Akzeptanz – dass man in der Lage ist, Probleme, die auftreten, wirklich ehrlich und gut miteinander auszutragen, ohne dass da sehr viel Emotionalität (Schmunzeln) *hineinspielt, dass man es immer wieder schafft, gut miteinander für ein gemeinsames Ziel zu arbeiten, und dass dabei untereinander keine Konflikte entstehen. Das wäre für mich wichtig.* (Krankenhaussozialdienst/Psychiatrie)

Die Notwendigkeit einer stimmigen „Chemie der Beziehungen":

Probleme gibt es immer da, wo Menschen nicht zusammenpassen. Da reduzieren Menschen sich wechselseitig. Ich habe die Erfahrung gemacht: Wenn die menschliche Qualität stimmig ist, dann kann ich das, was inhaltlich und fachlich fehlt, nachholen und aufbauen durch Fortbildungsangebote, durch kollegiale Fortbildung und Unterstützung. Das funktioniert aber nur, wenn es menschlich harmoniert, und deswegen denke ich, dass man in erster Linie nach der menschlichen Qualität schaut und abgleicht, passt der- oder diejenige in dieses Team hinein? (Verbandliche Beratung für Migranten)

Die Dokumentation von Gemeinsamkeit gegenüber Dritten

Eine letzte Kategorie von Antworten auf unsere offene Frage nach der Teamqualität verweist auf den Außenaspekt von kollegialer Zusammenarbeit. Eine emotionale wie auch fachliche Geschlossenheit des Teams werden hier im Hinblick auf die Wahrnehmung des Teams durch andere (Klienten, Vorgesetzte, Kostenträger) als förderlich eingeschätzt. Vor allem von den Mitarbeitern im stationären Arbeitskontext (Heimerziehung) wird auf die Bedeutsamkeit eines „konzertierten", gemeinschaftlich abgestimmten Auftretens gegenüber den Klienten verwiesen („eine gemeinsame Linie verfolgen"). Nur in einem Interview benannt wird schließlich die bestärkende Kraft, die von einem solidarisch-geschlossenen Auftreten des Teams gegenüber der Geschäftsführung (hier in der Präsentation von Jahresbilanz und Arbeitserfolg) ausgehen kann.

Geschlossenheit im Team – ein einheitliches Auftreten gegenüber den Klienten:

Wünschenswert ist es, stets einheitlich aufzutreten, nicht um anderen Angst zu machen, sondern um verbindlich zu sein (...). Unsere Glaubhaftigkeit den Jugendlichen gegenüber bemisst sich an dieser Geschlossenheit, auch wenn sie intern umstritten und umkämpft ist, aber es ist wichtig, daran zu arbeiten, dass wir nach außen hin als ein geschlossenes Team wirken. (Jugendberufshilfe)

Für unseren Erfolg muss es uns gelingen, den Jungen gegenüber eine einheitliche Linie und Haltung durchzuhalten. Zwar gibt es unterschiedliche Ausprägungen von Pädagogik, die auch persönlich eingefärbt sind. Jeder ist eine andere Person. Aber die Haltung einem Jungen gegenüber oder das Ziel, das wir ihm gegenüber verfolgen und die damit verbundenen Methoden, die müssen zumindest abgesprochen und abgestimmt sein. (Stationäre Einrichtung der Jugendhilfe/Inobhutnahme)

Geschlossenheit im Auftreten gegenüber der Geschäftsführung:

Wir schreiben gemeinsame Berichte für die Geschäftsführung, in denen wir einheitlich gegenüber der Geschäftsführung auftreten. Wir erstellen Berichte, die Erfolgsbilanzen (Schmunzeln) *oder auch Risiken und Prognosen abgeben. Die Teamarbeit m.E. ist dann strukturelle Arbeit, die gemeinschaftlich geleistet wird.* (Mieterberatung/Wohnungsbauträger)

Dokumente des Scheiterns – Stolpersteine auf dem Weg zu einer produktiven Teamkultur

Das Erfahrungsbild in Sachen Teamqualität, das „zwischen den Zeilen" unserer Interviews zum Ausdruck kommt, ist in der überwiegenden Mehrzahl der Interviews durchweg positiv. Das Aufgehoben-Sein in einer unterstützenden, sichernden und bestärkenden Teamkultur ist eine Erfahrung, die von der Mehrzahl der Befragten geteilt wird und die ihnen Kraftquelle für Engagement und fachliches Investment ist. In unseren Interviews finden sich hingegen nur wenige Dokumente des Scheiterns. Vor allem zwei Umstände sind Stolpersteine auf dem Weg hin zu einer produktiven Teamkultur: Auf der einen Seite wird der institutionelle Zuschnitt des Handlungsfeldes genannt (die Position des sozialarbeiterischen Einzelkämpfers, der „vor Ort" nicht über ein Team von Mitarbeitern gleicher beruflicher Qualifikation verfügt), auf der anderen Seite wird die fehlende „Chemie der Beziehungen" beklagt, die einen offenen, akzeptierenden und konkurrenzfreien kollegialen Umgang miteinandererschwert. Dass diese Dokumente des Scheiterns einer Teamkultur ausschließlich im Bereich der Strafrechtspflege (Jugendgerichtshilfe, Bewährungshilfe, Justizvollzugsanstalt) zu Protokoll gegeben werden, sei hier nur unkommentiert angemerkt – ein auffälliger und bemerkenswerter Be-fund allemal.

Die Position des Einzelkämpfers: organisatorische Widerstände gegen eine produktive kollegiale Kooperation:

Also – wir sitzen in (Ort A), (Ort B), (Ort C) und (Ort D). Das sind vier Vollzugsanstalten. In jeder dieser Anstalten sitzen ein bzw. zwei Sozialarbeiter. Diese Leute treffen sich turnusmäßig; einmal monatlich haben wir eine Besprechung. Aber es ist kaum möglich, dort Dinge miteinander zu erarbeiten, die dann tatsächlich in den Alltag des Einzelnen in seinem Haus übertragbar sind, weil wirklich alle Häuser einen spezifischen Charakter haben, und das ist abhängig von den Menschen, die da sitzen. Die einen haben eine strenge Trennung zwischen Verwaltung, Grün-Berobten, Fachdiensten. Die andern haben das nicht. Die dritten haben vielleicht eine andere Mischung. Die vierten haben Frauen, da ist es ganz anders. Ich glaube, in Sachen Teamqualität bin ich kein brauchbarer Gesprächspartner. (Justizvollzugsanstalt)

Die fehlende persönliche Chemie der Beziehungen:

Wichtig ist mir im Hinblick auf meine Kollegen, ein Feedback zu bekommen – dass ich offen reden kann, nicht mit dem Ziel, Anerkennung und Lob zu bekommen, sondern in der Sache weiterzukommen. Wie gesagt, ich habe hier noch einen Kollegen, der auch Sozialarbeit macht. Wir vertreten uns gegenseitig, aber dieses Feedback können wir uns nicht geben. Wir sind da zu sehr involviert in unsere Arbeit. Wünschen würde ich mir, dass da so eine Art Supervision kommen sollte. Wir haben regelmäßige Dienstbesprechungen mit dem Koordinator. Das sind aber mehr so Monologe, so hierarchische Arbeitsaufträge. Das ist störend. (Bezirkssozialdienst)

In einem behördlichen Team hat man sich nicht gefunden, sondern man ist zusammen gewürfelt worden, d.h. man ist gezwungenermaßen in einem Team. So. Und da gibt es ganz viele Reibereien. Je länger man in einem Team arbeitet, um so schwieriger ist das, weil die Strukturen haben sich verkrustet. Ich lebe schon lange in so einem Team, und da ist es einfach so, dass man viele Sachen nicht mehr aufbrechen kann. Da gibt es viel Mobbing, da gibt es auch viele Vorbehalte gegen andere, und das kann man nicht aufbrechen. Diese Situation belastet unheimlich. (...) Solche Teamstrukturen binden viele Zeitressourcen. Und umgekehrt: Wenn man eine andere Teamstruktur hätte, andere Leute, dann könnte man so einen Push erleben nach vorne und auch für den Stadtteil viel mehr bewirken. (Jugendgerichtshilfe)

Nach dieser offenen Frage nach unterstützenden und befriedigend erlebten Teamstrukturen kommen wir nun zu Einzelaspekten des kollegialen Austausches, die wir im Rahmen unserer Interviews explizit abgefragt haben.

7.2 Turnusmäßige gemeinsame Fallbesprechungen

Anders als die in definierten Zeitabständen anberaumten Teambesprechungen gehören turnusmäßige gemeinsame Fallbesprechungen nicht zum Standardrepertoire der sozialen Praxis. Nur in wenigen Einrichtungen ist die kollegiale Fallberatung ein fester Bestandteil von Dienstbesprechungen und Kollegengesprächen.

In unseren Interviews finden sich für diesen Sachverhalt nur wenige Begründungen: So verweist die Mitarbeiterin einer Resozialisierungseinrichtung für wohnungslose Menschen auf die Neuorganisation der Einrichtung sowie auf den erheblichen Verfahrensaufwand, der mit Besprechungen im Gesamtteam verbunden ist.

> *Gemeinsame turnusmäßige Fallbesprechungen im Team kommen im Moment ein bisschen zu kurz bei uns. Ja, das ist ein bisschen schwierig. Wir haben jetzt Kleineinheiten gebildet, bestehend aus je zwei Kollegen, die sich in etwas größeren Abständen immer mit den Kollegen der anderen Einheiten zusammensetzen. Und früher war das so, dass wir jede Woche Team hatten mit allen. Das geht einfach nicht mehr, weil wir zu viele geworden sind, und ich vermisse das schon.* (Stationäre Einrichtung der Wohnungslosenhilfe)

Eine andere Gesprächspartnerin plädiert für eine offene und bedarfsgesteuerte Folge von Fallbesprechungen.

> *Fallbesprechungen sind bei uns im Team jede Woche angesetzt. Das heißt: Es wird im Team vorher eine Bewohnerin ausgeguckt, für die eine Falldiskussion notwendig erscheint, und wenn wir keine haben, wird auch keine Fallbesprechung anberaumt. Es ist nicht so, dass wir, nur weil dienstags Fallbesprechung ist, da sitzen und krampfhaft jemanden suchen,* (Lachen) *den wir besprechen können. Das finde ich auch sehr sinnvoll.* (Betreutes Wohnen für wohnungslose Frauen)

In der Praxis – so das Bild unserer Interviews – überwiegt ein eher informeller Umgang mit Fallbesprechungen: Die kollegiale Beratung vollzieht sich in der Regel unterhalb des Levels der teamöffentlichen Diskussion auf der Ebene von „Eins-zu-Eins-Gesprächen" zwischen Kollegen.

> *Wir sprechen nicht regelmäßig über Fälle, aber es ist sicherlich so, wenn der eine oder andere sagt, ich habe hier diesen Fall, da komme ich jetzt fachlich oder persönlich nicht weiter, dass wir sagen, o.k. komm, dann nehmen wir uns eine Stunde Zeit und setzen uns zusammen. Aber dass wir jetzt grundsätzlich irgend etwas organisieren, indem wir sagen, wir wollen immer dann und dann die Fallarbeit ma-*

chen, das machen wir nicht. (...) Ich habe es jetzt für mich so geregelt, dass ich ab dem letzten Monat eine sogenannte Intervision mache, d.h. wir sind fünf Kollegen aus verschiedenen Betrieben und treffen uns alle sechs Wochen, speziell um Fallbesprechungen zu machen. Einer stellt einen Fall nach einem bestimmten Konzept vor und dann wird nur über diesen Fall diskutiert. (Betriebssozialarbeit)

Die Mitarbeiter im sozialen Feld, die konkrete Erfahrungen mit der kollegialen Fallberatung gemacht haben, betonen übereinstimmend die Bedeutsamkeit und die praktische Handlungsrelevanz des kollegialen Meinungsspiegels. Sie verweisen hier zum einen auf die Notwendigkeit, einen gemeinsamen fallbezogenen Kenntnisstand im Kollegenkreis herzustellen („wissen, wo die Kollegen gerade stehen").

Die Teamsitzungen in der Woche haben für mich einen hohen Rang, weil hier viel Absprachebedarf besteht. Durch die fallgebundenen Gespräche ist unser Arbeiten in den Gruppen ziemlich transparent. Ich weiß im Prinzip, was in jeder Gruppe läuft. Nicht nur im Prinzip, ich weiß, was in jeder Gruppe läuft. Ich weiß in etwa, wo die Leute sind. (Stationäre Einrichtung der Drogenhilfe)

Der fallbezogene Austausch mit Kollegen ist für mich sehr wichtig. Ich gehöre jetzt nach der Organisationsreform eigentlich gar nicht mehr hier zu diesem Team. Ich habe dann aber noch einmal einen Extra-Antrag gestellt, um wieder in dieses Team zu kommen. Viele Sachen interessieren mich jetzt nicht direkt, aber gerade das Element dieser kollegialen Supervision ist mir so wichtig, dass ich auch bereit bin, mir Sachen anzuhören, die mich, meine Arbeit jetzt nicht direkt betreffen. Aber ich weiß dann immer, wo die Kollegen stehen, die wissen, wo ich stehe, wir halten uns so auf einem Level und können uns dann auch besser beraten. Und das kriegt man ja nur raus, wenn man regelmäßig an den Veranstaltungen teilnimmt. Wenn man die mal nicht mehr hat, dann vermisst man die schmerzlich. Also ich habe diese Treffen schmerzlich vermisst. (Service-Büro Selbsthilfe im Altenbereich)

Die Mitarbeiter sehen zum anderen die Chance, in der Auseinandersetzung um fallbezogene Problemdiagnosen und methodische Vorgehensweisen Neues zu lernen und das Spektrum der eigenen Handlungsalternativen zu erweitern:

Die kollegialen Fallbesprechungen haben für mich einen sehr hohen Stellenwert. Bei uns ist es so: Wir sind zwar ein Team, aber jeder hat seine Fälle und man könnte sich da sehr abschotten, und durch dieses Abschotten hat man nicht die Gelegenheit, durch andere auch zu lernen. Insofern finde ich das wichtig, dass jeder auch einmal einen Fall vorstellt, und das praktizieren wir auch. Dass man einfach hört, der hat das so und so gemacht in dieser Situation. Mensch, ich hatte letztens auch so eine Situation, hätte ich mal daran gedacht. Oder: Jetzt weiß ich, in Zukunft könnte ich mich in einer vergleichbaren Lage auch so verhalten. (Ambulante erzieherische Dienste).

7.3 Ergänzungsverhältnis der angewandten Methoden

Soziale Arbeit ist ein Geschäft von Individualisten. Das ist zumindest die Grundmelodie der Antworten, die sich auf das wünschenswerte Mischungsverhältnis der Methoden und Arbeitsformen im Team beziehen. Sozialarbeiterische Teams – so diese Antworten – umfassen sehr unterschiedliche Persönlichkeiten mit je eigenen Interessenschwerpunkten, fachlichen Orientierungen, methodischen Schwerpunkten. Und gerade dieses bunte Patchwork von Orientierungen, Fähigkeiten und Kompetenzen wird in den uns vorliegenden Interviews als die besondere Stärke beruflich-sozialer Teams ausgewiesen. Gemeinsam ist den Aussagen so die Wertschätzung von personalen Unterschieden, die freilich nicht gänzlich auseinander fallen dürfen, sondern in einem fachlich und methodisch stimmigen Ergänzungsverhältnis zusammengefasst werden müssen.

Auf die sehr differenten Persönlichkeitsmuster der im Team zusammengefassten KollegInnnen verweisen die folgenden Interviewpassagen. Persönliche Differenz und Distinktion werden hier als die besondere Stärke des Teams benannt, da erst sie es möglich machen, ein angemessenes Passungsverhältnis zwischen Sozialarbeiter und Klient herzustellen („für jeden Typus von Klienten gibt es den richtigen Mitarbeiter").

Die Stärke des hier vorhandenen Teams ist, dass die Leute sehr unterschiedlich sind. Dies betrifft zum einen die Unterschiedlichkeit der Methoden. Das geht von Verhaltenstherapie, Psychodrama, Familientherapie bis hin zu Gestalt. Ja, eigentlich macht hier jeder etwas anderes. (...) Dies betrifft zum anderen aber auch die Persönlichkeit der Mitarbeiter. Wir sind im Hinblick auf unser Temperament sehr unterschiedlich. Und davon lebt dieser Laden: Es gibt hier eigentlich keinen Klienten, zu dem keiner einen dichten Draht entwickeln konnte. Es gibt Klienten, die ich einfach sehr mag, also die mir eher sehr leicht fallen, ja, und ein anderer Kollege mag einfach diese „Brecher", der kann total gut (Lachen) *mit Egozentrikern. Hier ist eigentlich für jeden Platz. Das ist gut. Davon lebt dieses Team, dass wir so sehr unterschiedlich sind.* (Stationäre Einrichtung der Drogenhilfe)

Wir sind hier zu viert. Wir haben alle unsere eigene Persönlichkeit, und die bringen wir auch ein im Umgang mit den Klienten. Es kann sein, dass einer von uns mit ganz bestimmten Themen nicht klar kommt, z.B. Missbrauch von Frauen. Da machen wir es dann so, dass diese Fälle dann eine Kollegin übernimmt. Oder wenn es jetzt ein aggressiver Typ ist, der mit Frauen überhaupt nicht umgehen kann, dann mache ich den. Das ist eine ganz wichtige Sache, dass man diese spezifischen Fälle untereinander abgeben kann. (Kommunaler sozialpsychiatrischer Dienst)

Unterschiede in den Persönlichkeiten werden für die befragten Praktiker in unterschiedlichen Arbeitsweisen und methodischen Präferenzen konkret erfahrbar. Die sozialarbeiterischen Teams – dies ist eine geteilte Erfahrung der Befragten – zeichnen sich durch einen bunten Methoden-Mix aus. Dieses bunte Mischungsverhältnis wird in den Aussagen stets positiv konnotiert. Denn: Gerade diese personenbezogene „Einfärbung" des methodischen Repertoires jedes einzelnen Mitarbeiters macht es möglich, dass individuelle Fähigkeiten und Begabungen sich im methodischen Handeln realisieren und eine hohe Dienstleistungsqualität sichern.

Ich glaube schon, dass jedes Team einen bestimmten Grundstock an Methoden haben sollte, den dann jeder abdecken und anwenden sollte. Aber andererseits denke ich, ein Dienst lebt auch davon, dass die Leute ganz unterschiedlich sind und ihre methodischen Fähigkeiten unterschiedlich einbringen. Von diesem methodischen Austausch profitiert das ganze Team. (Ambulante erzieherische Dienste)

Hier in die Arbeit mit wohnungslosen Frauen finden selbstverständlich unterschiedliche Arbeitsweisen, unterschiedliche Methoden Einzug. Diese Unterschiede ergeben sich aus unseren unterschiedlichen Persönlichkeitsarten. Die eine Kollegin hat eher den Stil, dass sie ganz klar die Fakten nennt, so und so ist das, und die andere Kollegin ist eher so, dass sie das auch tut, aber eher beschwichtigend (...). Im Hinblick auf die gewählten Methoden sprechen wir uns vorher stets ab. Z.B. als ich in einer anderen Unterkunft war, haben meine Kolleginnen und ich, wenn wir ein gemeinsames Gespräch geführt haben, uns vorher abgesprochen, wie wir das machen. Ob wir konfrontativ heran gehen oder aber ob sehr weich und einfühlsam (...). (Betreutes Wohnen für wohnungslose Frauen)

Ich mache die Erfahrung, dass wir damit gar nicht so schlecht liegen, wenn wir ganz unterschiedliche Methoden anwenden, insbesondere was Didaktik und Methodik anbetrifft im pädagogischen

Bereich. Die Gemeinsamkeit ist nicht unbedingt für mich eine Grundlage für Erfolg, wichtiger ist mir ein stimmiges und buntes Ergänzungsverhältnis. (Jugendberufshilfe)

Bedeutsam ist für alle Befragten, dass die Unterschiedlichkeit der verwendeten Methoden nicht zu einem beliebigen Nebeneinander von methodischen Versatzstücken führen darf („ein methodisches ‚anything goes'"), dass vielmehr konkrete Absprachen, Koordination und fallübergreifende Transparenz notwendig sind, um ein stimmiges Ergänzungsverhältnis von Methoden herzustellen und mögliche Reibungsverluste zu vermeiden.

In der konkreten Arbeit mit Klientinnen, in der Einzel- und Gruppenarbeit, arbeite ich alleine. Aber ich habe das Team, um Rückmeldungen zu bekommen. Es ist nicht so, dass ich einfach vor mich hin wurschtele, sondern ich erstelle Hilfepläne, die ich ins Team gebe und die eine wechselseitige Transparenz unseres methodischen Handelns gewährleisten. (Betreutes Wohnen für wohnungslose Frauen)

Wir haben klare Absprachen. Wir wissen genau, wie der andere arbeitet, ich bin bei seinen Einzelgesprächen dabei, wir machen auch immer wieder das eine oder andere Erstgespräch gemeinsam, geben uns nach solchen Gespräch ein Feedback, wie habe ich dich erlebt oder wie hat er mich erlebt. Auf der anderen Seite ist es eine klare Absprache, dass wir hier im Hause keine Gruppen, keine Suchtgruppen führen. Da kann es natürlich nicht sein, dass dann plötzlich der eine anfängt und sagt, ich mache jetzt eine Suchtgruppe oder ich mache jetzt eine Themagruppe zur Verschuldung. Das müsste, wenn das denn gewollt wäre, klar geregelt und abgesprochen sein. (Betriebssozialarbeit)

7.4 Produktive Formen der Konfliktaustragung

Ein gelingendes Konfliktmanagement im Team, die Einübung von produktiven Formen des Umgangs mit Dissonanzen und Konflikten, die Entwicklung einer kollegialen Streitkultur – dies ist für alle Befragten ein wesentlicher Baustein von Strukturqualität. Ohne persönliche Verletzungen, Ressentiments und negative Affekte Interessengegensätze und emotionale Differenzen lösen – diesen normativen (Selbst-)Anspruch unterschreiben sie alle. In unseren Gesprächen wird jedoch deutlich, dass die aktuelle Teamwirklichkeit diesen normativen Anspruch stets nur in Annäherungswerten erreicht. Schauen wir auf die unterschiedlichen Meinungslager.

Eine erste Kategorie von Aussagen thematisiert eine Teamwirklichkeit, die durch einen hohen Konfliktgehalt belastet ist. Gemeinsam ist diesen Aussagen der Hinweis auf die fehlende Offenheit im Umgang mit Konflikten – einander widerstreitende Interessen und emotionale Risse zwischen Kollegen werden nicht offengelegt, sie werden zugedeckt und auf die Ebene der fachlichen Auseinandersetzung umgeleitet, ohne auf dieser Ebene jedoch gelöst werden zu können.

Produktive Formen des Austragens von Konflikten finde ich sehr wichtig. Dies ist aber bei uns leider im Moment (Lachen) *gerade nicht so. Ich habe am eigenen Leibe erfahren, dass wir da im Moment eher so eine* (Seufzen) *Schweigephase haben, dass wir also über Konflikte einfach weggucken oder das einfach runterschlucken – und dann knallt das ganz vehement, wenn diese unterdrückten Konflikte dann plötzlich mal rauskommen. Hierunter leidet unsere aktuelle Arbeit – ich habe schon eine ganze Weile lang das Gefühl, dass wir im Team vereinzeln.* (Wohnungsloseneinrichtung)

Ich würde sagen, unser Team läuft zur Zeit recht gut, aber ich weiß auch, dass es schon einmal anders lief. Teamkonflikte hatten in der Vergangenheit viel mit Beleidigt-Sein zu tun – und das ist ja alles andere als produktiv und konstruktiv. Der eine spricht dann mit dem anderen kaum noch, nur das Notwendigste und da funktioniert leider nicht mehr viel. (Bewährungshilfe)

Ein offener Umgang mit Konflikten – das ist hier ein wunder Punkt. Wir arbeiten darauf hin, dass wir die zweite Supervision bekommen. Es ist so, dass im letzten Jahr die ehemalige Leitung hier vom Team geschasst wurde. Es hat hier so richtig gekracht. Und die Kollegin, die das dann übernommen hat, die ist dann schwanger geworden, und deswegen bin ich dann hinterhergerutscht. Also das ist ein Punkt, der hier ganz wichtig ist: Hier laufen viele Dinge unterschwellig ab an Konflikten und eine richtige Konfliktkultur muss erst noch entwickelt werden. (Kommunale Kindertageseinrichtung)

Ich betreue zur Zeit drei Stationen, bin also in drei verschiedenen Teams präsent, und da erlebt man völlig unterschiedliche Qualitäten. Eines dieser Teams erlebe ich als äußerst problematisch, weil Konflikte unterschwellig bestehen und weil man immer wieder wunderbar beobachten kann, wie diese Konflikte zwischen den Teammitarbeitern auf einer fachlichen Ebene ausdiskutiert werden. Auf einer Ebene also, auf der sie gar nicht angesiedelt sind. Das ist unerquicklich. (Krankenhaussozialdienst/Gerontopsychiatrie)

Eine zweite Kategorie von Aussagen thematisiert hingegen das signifikant niedrige Niveau von Konflikten auf der Ebene des Teams. Hintergrund dieses entlastend niedrigen Konfliktniveaus ist in der Einschätzung der Befragten eine klare Verteilung und Abgrenzung von beruflichen Zuständigkeiten und Verantwortlichkeiten, eine über lange Jahre hinweg gewachsene Vertrautheit im Team sowie der Rückgriff auf eingeschliffene Routinen der Konfliktbearbeitung.

> *Es ist hier so wenig konfliktträchtig. Wir sind in einer Situation, in der wir keine Konkurrenz aufzubauen brauchen, weil wir unsere eigenständigen und selbstverantworteten Arbeitsbereiche haben. Wir haben noch nicht einmal den gleichen Arbeitgeber, so dass ein Einzelner bevorzugt werden könnte oder eben auch nicht* (Lachen). *Wir arbeiten getrennt, aber wir tauschen uns aus. Und Konflikte: bisher kann ich da nichts anzeigen.* (Beratung für Langzeitarbeitslose)

> *Ich habe hier den Luxus, dass dies ein Team ist, das sich sehr lange kennt, und dass ich dieses Team auch die ganze Zeit von Anfang an betreue. Ich habe das nicht irgendwann von jemandem übernommen. Viele Dinge, die da laufen, habe unter anderem ich mir ausgedacht und ich muss die auch immer weiter entwickeln. Also: Wir haben hier eine über lange Jahre hinweg entwickelte Routine im Umgang mit persönlichen Kollisionen. (...) Aber um Ihre Frage ehrlich zu beantworten, müsste ich hinzufügen, dass ich ganz bestimmte Konflikte auch abwürge, dass ich sage Schluss, Aus, Ende oder: Richtig, aber nicht hier. Es ist nicht so, dass ich dann sage, ich will mit diesen Konflikten gar nichts zu tun haben, das gibt es nicht, oder das darf nicht sein. Vielmehr: Dass ich dann sage, wenn das wirklich ein Problem ist, dann muss das an anderer Stelle besprochen werden. Von mir aus bei mir im Büro oder bei dir im Raum, jedenfalls aber nicht hier, weil das die Arbeit nicht förderlich nach vorne bringt.* (Jugendberufshilfe)

Eine dritte und letzte Kategorie von Aussagen verweist schließlich auf die Supervision als den Ort, an dem belastende, im Arbeitsalltag vielfach verdeckte Konflikte, wechselseitige Vorbehalte und emotionale Dissonanzen thematisiert und bearbeitet werden. Wir werden auf das Thema Supervision an späterer Stelle (vgl. Kap. 7.7) gesondert zurückkommen.

> *Ich glaube, dass die Arbeit sehr darunter leidet, wenn es unterschwellige Konflikte gibt. Wir haben Gott sei Dank zum einen durch die Supervision die Möglichkeit, Konflikte sehr offen anzusprechen. Und wir haben zum anderen hier im Kleinteam eine ganz gute Beziehungsstruktur gefunden. Ich meine, es bleibt nicht aus, wenn man jeden Tag acht Stunden miteinander arbeitet und das fünf Tage in der Woche, dass es da auch mal Streit und Konflikte gibt. Da haben wir es in der Vergan-*

genheit eigentlich immer ganz gut geschafft, dies offen zu thematisieren und kompromissfähig zu bleiben. (Betriebssozialarbeit)

Wir brauchen positive Formen des Austragens von Gegensätzen. Wir nutzen dafür sehr bewusst die Supervision. Vielleicht delegieren wir schon zuviel an den Supervisor. Manchmal denke ich, wir müssten versuchen, die Dinge selber aktiver anzugehen, aber in der Supervision ist für uns eigentlich der Raum, um Konflikte untereinander zu besprechen und anzugehen. Natürlich ist es bei uns wie in allen Gruppen. Es gibt schwelende Prozesse, es gibt auch persönliche Ungereimtheiten. Ich habe gemerkt, dass es wirklich schädlich ist, wenn man diese stillen Konflikte laufen lässt, wenn man es nicht wahr haben will. Es kommt dann irgendwann wieder (Lachen). (Stationäre Einrichtung der Jugendhilfe/Inobhutnahme)

7.5 Die kontinuierliche gemeinsame Arbeit an einer Teamphilosophie

In der sozialarbeiterischen Praxis der letzten Jahre hat in so gut wie allen Handlungsfeldern eine Leitbild-Debatte Einzug gehalten. Kaum ein neues Projekt oder Modellprogramm, kaum auch eine tradierte Einrichtung, die sich dieser Debatte entziehen könnte. Die Suche nach einer „organisatorischen Identität" (corporate identity) und einer gemeinsamen Philosophie des pädagogischen Handelns ist Antwort auf neue Herausforderungen für die Soziale Arbeit, die mit Stichworten wie „Individualisierung von sozialen Problemlagen", „Ent-Institutionalisierung der stationären Hilfen", „Lebensweltorientierung", „Stärkung von Partizipation und Selbstvertretung der Adressaten" u.a.m. umschrieben werden können. Die teaminterne Verständigung auf ein gemeinsames leitendes Menschenbild („Klientenbild") und den daraus abzuleitenden berufsethischen Grundüberzeugungen und Grundhaltungen (code of ethics), die Selbstvergewisserung im Hinblick auf Zielsetzung, konzeptionelle Grundlagen, unverzichtbare organisatorische Eckwerte und die Suche nach einem für alle Teammitglieder leitenden normativen Raster von Überzeugungen, Verpflichtungen und Handlungsgrundsätzen ist der Versuch, eine solche Identität der „lernenden Organisation" zu kreieren. Vor dem Hintergrund der neuen Bedeutsamkeit dieser Thematik haben wir unsere Gesprächspartner auf den Stellenwert einer kontinuierlichen gemeinsamen Arbeit an einer Teamphilosophie befragt. Das Meinungsbild unserer Interviews ist hier facettenreich und widersprüchlich. Hier zunächst die Einschätzungen derer, die im Kontext ihres beruflichen

Handelns bereits in diese Leitbild-Debatte eingespannt sind und dies positiv erfahren haben.

Die Arbeit an einer gemeinsamen Teamphilosophie haben wir von Anfang an gehabt. Wir haben gemeinsam die Hausordnung erstellt für dieses Haus. Wir haben gemeinsame Kleinteams und einmal im Monat das Großteam, da werden z.B. bestimmte Themen wie z.B. PsychKG-Einweisung, Alkoholregelung usw. besprochen. Das wird von jeder einzelnen Mitarbeiterin getragen und fortentwickelt. Das ist sicherlich anstrengend, aber dadurch läuft unser Arbeitsalltag auch gut, denn wenn ich etwas machen muss, hinter dem ich nicht stehe, irgendwann kippt das. (...) Auf diese Weise ist es uns möglich, unseren Arbeitsalltag „bedürfnisorientiert" zu gestalten – sowohl was die Klientinnen als auch was die Mitarbeiterinnen angeht. Hieraus entsteht dann Arbeitszufriedenheit. Denn: Wenn ich zufrieden bin mit meiner Arbeit, dann kann ich auch auf die Klientinnen anders eingehen. Wenn meine Strukturen stimmen, dann fühlen sich auch die Klientinnen wohl. (Betreutes Wohnen für wohnungslose Frauen)

Diese Verständigung auf Zielsetzung, Menschenbild, Konzeption ist für uns ganz wesentlich. Dieser Prozess ist auch von der Institution sehr gefördert worden. Wir haben hier bei der Diakonie einen ganz intensiven Leitbildprozess durchgemacht, der auch die Ehrenamtlichen miteinbezog. Und dieser Prozess hat natürlich ganz viel bewirkt – er hat es den Ehrenamtlichen möglich gemacht, unsere Philosophie kennen zu lernen. Und auch für uns war es wichtig, Transparenz darüber herzustellen, was ist jetzt das Diakonische an der Arbeit, was ist unser Menschenbild, die Ganzheitlichkeit und dieses Arbeiten auch mit anderen, mit kreativen Elementen – da haben wir uns gut auf einen gemeinsamen Nenner verständigen können. (...) Dieser Prozess ist aber nie abgeschlossen. Wir arbeiten stets weiter, zumal ja in der Sozialen Arbeit ständig Veränderungen anstehen. (Service-Büro Selbsthilfe im Altenbereich)

Wir sind gerade dabei, so etwas wie eine Leitbild-Diskussion zu entwickeln im Caritasverband, und ich finde das eine ganz wichtige Geschichte, weil es für mich von Wert ist zu wissen, welchen Sinn macht meine Arbeit? Womit kann ich mich hier identifizieren? Was steht dahinter? Und von daher ist das für mich eine Sache, an der ich mich auch gerne aktiv beteilige. (Schuldnerberatung/Wohnungsnotfallhilfe)

Ein Leitbild, ein Menschenbild, eine bestimmte Unternehmensphilosophie gibt Orientierung und hat einen hohen verbindenden Wert, wenn es eine prozessual entwickelte Sache ist. Wenn ich jetzt fünf Thesen an die Tür schlage, dann hat das wenig Bedeutung und Funktion und wird sich im Arbeitsalltag auch wenig positiv auswirken. Aber wenn ein Prozess stattfinden kann, dass alle Beschäftigten sich einbringen können in einen solchen Findungsprozess, dann führt es sicherlich dazu, dass für jeden die Möglichkeit besteht zu reflektieren, auch Persönlichkeitsanteile mit einzubringen und letztendlich dann das Gefühl zu haben, ich bin hier mehr als nur lohnabhängig beschäftigt, ich bin Mitglied einer ideologisch getragenen Geschichte. Wir haben hier im Haus so einen Prozess seit vier Jahren jetzt über Leitbildentwicklung, über einzelne Prozessabläufe usw. Wir versuchen das im Sinne der Entwicklung eines Qualitätshandbuches vom Großen auf das institutionelle Kleine herunterzubrechen. Und das hat sich deutlich positiv ausgewirkt auf das ganze Betriebsklima. (Stationäre Einrichtung der Jugendhilfe)

Eine Reihe von Gesprächspartnern stehen dem Anspruch auf Entwicklung einer organisatorischen Identität zwar positiv gegenüber; sie erleben aber einen Berufsalltag, in dem eine solche „Diskurs-Kultur" (noch) nicht besteht bzw. am mangelnden Investment von vorgesetzter Dienststelle oder Kollegenschaft bislang gescheitert ist.

Dieser Aspekt kommt für mich zu kurz bei uns. Heute können wir kaum noch am Konzept mitarbeiten (z.B. an Überlegungen, was machen wir mit unseren Bewohnern). Das war früher besser, als jedes Teammitglied mitarbeiten konnte. Jetzt machen das zwei Kollegen von mir, und da habe ich das Gefühl, da werden wir anderen einfach zu kurz gehalten. (...) Unsere Vorstellungen zum Menschenbild sind alle zu unterschiedlich. Es gibt Kollegen, mit deren Menschenbild komme ich nicht zurecht, das kann ich einfach nicht für mich so akzeptieren (...). Und es gibt Kollegen, da komme ich sehr gut zurecht und die bitte ich auch eher um Hilfe. (Stationäre Einrichtung der Wohnungslosenhilfe)

Eine solche Debatte kann man sicherlich nicht dauernd führen. Wir haben das glaube ich noch nie gemacht (Lachen). *Wenn ich das so höre, das kenne ich nur von Seminaren, in denen du raus bist aus dem Job und dann schon mal über den Sinn des Ganzen nachdenken kannst. Das finde ich gut. Aber: Es hat faktisch bisher noch nie etwas wirklich langfristig geändert, immer nur für ein paar Wochen. Ja, so ist das also. Das findet bei uns nicht statt.* (Bewährungshilfe)

Eine letzte Gruppe von Antworten thematisiert schließlich Stolpersteine, die einer intensiven Verständigung über eine leitende Philosophie des pädagogischen Handelns im Wege stehen. Genannt werden hier: knappe Zeitressourcen und eine generell geringe subjektive Bedeutsamkeit des Themas (Betriebssozialarbeit), der Abbruch dieser Selbstvergewisserung durch Personalwechsel auf der Ebene der Moderation (forensische Psychiatrie) bzw. durch Eingriffe von Seiten des Kostenträgers (Beratung für Langzeitarbeitslose).

Schon seit Mitte letzten Jahres haben wir fleißig an einer solchen Philosophie gebastelt. Zusammen ist ein neues Konzept erstellt worden für die Gruppenarbeit hier auf der Station (...). Nur im Moment ist das ziemlich dumm. Derjenige Psychologe, der damals Stationsleiter war, der hat jetzt gewechselt. Wieder mal ein Wechsel. Ja aber im Prinzip: Die Grundphilosophie stimmt. Das muss so auch sein, man braucht ja ein Gerüst, auf das man zurückgreifen kann. (Forensische Psychiatrie)

Wir haben zu dritt ein sehr ähnliches Selbstverständnis unserer Arbeit. Im Laufe der Jahre haben wir uns zusammen entwickelt, wir haben ähnliche Ziele, ähnliche Pläne. In der letzten Zeit sind wir aber sehr gebeutelt worden, indem uns von Seiten des Arbeitsamtes Ziele aufgedrückt wurden – immer wieder. Plötzlich hatten wir andere Ziele, konnten nur noch wenig entwickeln. Das geht einfach nicht (Lachen), *wenn das Arbeitsamt von heute auf morgen mit einem neuen Rollkommando und einer neuen Aufgabe kommt.* (Beratung für Langzeitarbeitslose)

7.6 Fachliche Anerkennung im Kollegenkreis

Jeder Mensch lebt von sozialer Anerkennung, da geht es uns im sozialen Beruf nicht anders (...). (Krankenhaussozialdienst/Gerontopsychiatrie)

Lob und positive Anerkennung im Kollegenkreis tun jedem gut, das ist ein aufbauender Faktor und schafft Arbeitszufriedenheit. (Verbandliche Beratung für Migranten)

Die allermeisten Dinge, die ich tue, wenn sie dann gelingen, finden die Anerkennung der Kollegen; das ist förderlich für mich. Manchmal loben die mich und ich natürlich auch umgekehrt, und wenn wir gemeinsam sehen, da hat etwas geklappt, dann freuen wir uns immer und dann ist gut. Für mich ist das wichtig, ich möchte das gerne auch weiterhin hören. (Jugendberufshilfe)

Der nur allzu menschliche Wunsch nach Zustimmung, Lob und Anerkennung für geleistete fachliche Arbeit ist bei allen Befragten ungebrochen. Die oben wiedergegebenen Zitate dokumentieren stellvertretend die Bedeutung, die solchen positiven Feedbacks aus dem Kollegenkreis zukommt. Diese kollegiale Anerkennung trägt dabei zum einen die

Form einer geradlinig-direkt artikulierten Wertschätzung, zum anderen wird sie von den Mitarbeitern im sozialen Feld dort erfahrbar, wo die eigene Expertise, die eigene Sicht der Dinge, Urteil, Ratschlag und Unterstützung durch andere Kollegen abgerufen und auf diese Weise (auf eher indirektem Wege) die Achtung und die Wertschätzung der eigenen Person durch andere beglaubigt werden.

> *Das läuft nun nicht so, dass da gesagt wird, oh du bist aber toll. (...) Nein, so ausdrücklich läuft das nicht mehr. Aber ich weiß, dass ich fachlich geschätzt werde. Das merke ich daran, dass man nachfragt. Das merke ich nicht durch die direkte Art, sondern die Kollegen fragen, wie würdest du denn das machen oder jenes. Das ist für mich eine indirekte Art von Bestätigung.* (Bewährungshilfe)
>
> *Ich würde hier nicht mehr arbeiten nach zehn Jahren, wenn ich nicht das Gefühl hätte, ich wäre anerkannt und beliebt. Doch, das brauche ich schon. Ich spüre diese kollegiale Anerkennung vor allem in den Beratungsgesprächen, die ich mit Kollegen führe oder in eher ungeplanten Gesprächen mit Kollegen, die mich hier im Lehrerzimmer ansprechen, dass die sagen, da muss ich mal eben mit dir drüber reden. Ja, das würden die einfach nicht tun, wenn sie nicht meine Meinung hören wollten.* (Schulsozialarbeit)
>
> *Die fachliche Anerkennung durch Kollegen ist im Grunde genommen dann gegeben, wenn die Funktion, die ich habe, von ihnen akzeptiert wird. Und nicht – wie das ja häufig noch der Fall ist – Leitung als Störenfried gesehen wird: Alles wäre schön, wenn unser Chef oder unsere Chefin sich nicht ständig einmischen würden, sondern wenn Anfragen an die Funktion kommen, also im Sinne von „Wir haben ein Problem, vielleicht kannst du uns helfen. Wir kommen hier nicht weiter. Wir brauchen Unterstützung. Hilf uns bei der Realisierung unserer Ideen". Wenn solche Rückkoppelungsprozesse da sind, wenn man nicht um Informationen betteln und sich mit Macht Informationen verschaffen muss, das ist für mich ein Zeichen für eine gelungene fachliche Akzeptanz.* (Stationäre Einrichtung der Jugendhilfe)

Negativ vermerkt wird in einer Reihe von Gesprächen der Umstand, dass die berufliche Wirklichkeit von einer sichernden und integrierenden „Kultur wechselseitiger fachlicher Anerkennung" noch um Lichtjahre entfernt ist. Gründe hierfür sind einerseits eine mangelnde emotionale Integration auf der Ebene der Kollegenschaft, andererseits ein Führungsstil der Leitungsebene, in dessen Rahmen die anerkennende Wertschätzung der Arbeitsleistungen der Mitarbeiter keinen (oder nur einen geringen) systematischen Stellenwert besitzt.

Es tut gut, wenn man weiß, dass das eigene Engagement auch auf der Kollegen-Ebene anerkannt wird. Es ist jedoch meine Meinung, dass man sich in der Sozialarbeit auch vieles selbst anerkennen muss, weil ansonsten geht man ja unter (Lachen). *Man muss selber wissen, das war jetzt wieder gut, denn wenn man darauf wartet, dass man die Anerkennung von Kollegen bekommt, da kann man mitunter sehr lange warten. In der Sozialarbeit ist das häufig so, dass man gar nicht wie in der freien Wirtschaft immer umgehend alles honoriert bekommt, das ist eher die Seltenheit. Aber Lob tut gut, das finde ich schon.* (Ambulante erzieherische Dienste)

Fachliche Anerkennung in meiner Arbeit ist mir sehr wichtig. Ich weiß aber auch, dass sie zu kurz kommt. Dass wir uns eigentlich gegenseitig wirklich öfter Erfolge und gutes Arbeiten bescheinigen sollten. (...) Ich glaube, dass wir da noch keine Kultur entwickelt haben. Das kann sicher noch besser werden, muss auch besser werden. (Stationäre Einrichtung der Jugendhilfe/Inobhutnahme)

Fachliche Anerkennung – die brauche ich für mich, die hole ich mir. Ich hole mir Rat und Tat, bin auch Rat und Tat bei andern Kollegen. Das finde ich schon wichtig. Aber ob mir die Anerkennung z.B. vom Koordinator oder vom Chef wichtig wäre? Klar, denke ich schon, aber die bekomme ich hier nicht. Eher umgekehrt (Lachen). (Bezirkssozialdienst)

Anerkennende Feedbacks könnten häufiger sein. Aber die meisten haben fürchterliche Angst davor, ein lobendes Wort in den Mund zu nehmen. Gerade mein Vorgesetzter und mein direkter Kollege, die haben immer Angst davor, dass so ein Lob sich im Kopf festsetzt auf immer und ewig. Ähnlich wie bei Zeugnissen, dass nicht davon ausgegangen wird, dass das jetzt für diesen Moment gilt und für die Tätigkeit, die ich jetzt verrichtet habe und gilt nicht für die nächsten zehn Jahre. Es ist meines Erachtens ein eklatanter Mangel an Fachlichkeit, dass man dies auf der Vorgesetzten-Ebene nicht differenziert wahrzunehmen vermag. (Mobile Freizeitangebote für Kinder)

7.7 Teamsupervision

Verfahren der Supervision (Einzel-Supervision, Teamsupervision durch einen externen Supervisor) werden in der Fachliteratur als notwendiges Requisit einer produktiven fachlichen Arbeit dargestellt, das es ermöglicht, organisatorische Settings kritisch zu reflektieren, die Engführung des „Tunnelblicks" in der Bearbeitung einzelner Fälle zu überwinden und die emotionale Seite der Beziehungsstrukturen im Team zu bearbeiten. Entgegen dieser durchweg positiven Einschätzung ist das Meinungsbild unserer Interviews im Hinblick auf die Unterstützungsfunktion von Supervision gemischt. Im Material unserer Interviews finden sich nur wenige ungeteilt positive Einschätzungen.

> *Eine Begleitung durch Supervision brauche ich schon ziemlich dringend.* (Lachen) *Seit ich hier bin, hat der Supervisor gewechselt. Der ist ziemlich fit. Der ist echt gut. Ich glaube, ein Arbeiten hier ist ohne Supervision gar nicht denkbar, das geht unweigerlich schief. In mehr als einem Fall haben wir alle im Team kollektiv in unseren Zielsetzungen und Methoden völlig schief gelegen. Ich war ja nicht der einzige, wir haben alle eine sehr ähnliche Schiene gefahren, und erst in der Supervision hat sich der Blick geweitet.* (Stationäre Einrichtung der Drogenhilfe)

> *Ich finde eine Teamsupervision sehr wichtig, gerade hier in diesen sozialen Arbeitsfeldern. Sie wird hier im Haus auch angeboten. Die Teamsupervision findet ohne die Leitungsfachkräfte statt, so dass in diesen Supervisionsstunden auch wirklich die Möglichkeit gegeben ist, persönlichere Dinge miteinzubringen, die ich eben den Dienstvorgesetzten gegenüber nicht unbedingt offen machen möchte.* (Sozialpädagogische Familienhilfe)

Diese positiven Einschätzungen kontrastieren mit negativen Erfahrungen mit dem Instrument der Supervision, insbesondere dort, wo mangelnde Teilnahmemotivation und fehlende Offenheit der Teilnehmer einen produktiven Gruppenprozess unmöglich machen.

> *Ich persönlich halte wenig von Supervision. Jetzt könnte ich sagen, weil es so wenig gute Supervisoren gibt* (Lachen), *aber da, wo es im Kollegenkreis gewünscht wird, würde ich es auf alle Fälle unterstützen. Es ist nur meine ganz persönliche Einstellung, dass das oft Laberrunden sind. Ich musste das zweimal mitmachen, und es war grauenhaft* (Lachen). (Verbandliche Beratung für alte Menschen/Wohnraumanpassung)

> *Wenn alle Teammitglieder Supervision in gleichem Umfang für wichtig erachten und wenn sich die Teammitglieder auch alle in gleichem Umfang in solche Supervisionen einbringen, dann denke ich mir, sind die ganz nutzvoll. Ich habe aber auch Supervisionen erlebt, aus denen sich einzelne Berufsgruppen herausziehen, und dann funktionieren die Dinge nicht. Also entweder findet Supervision mit expliziter Motivation aller beteiligten Mitarbeiter statt oder gar nicht. (...) Wir haben auch schon Supervision gehabt, da taten mir die Supervisoren leid.*

Wenn man nicht auf die erforderliche Resonanz stößt, der Supervisor härter arbeiten muss als die Teilnehmer, dann funktionieren die Dinge nicht. (Krankenhaussozialdienst/Gerontopsychiatrie)

Wenn der Supervisor gut ist, ist das eine tolle Sache, nur habe ich auch umgekehrt schon negative Erfahrungen mit Supervision gemacht. In einem Fall hing es an der Supervisorin, in dem anderen Fall an den Supervisionsteilnehmern, weil einige dabei waren, die gesagt haben, „Ich gehe nur bis dahin", und dann ist das, wenn ich das von vornherein weiß, schon unbefriedigend, weil das Ergebnis immer nur ein Teilergebnis sein kann. Es ist immer diese Angst davor, was passiert mit dem, was in diesem geschützten Rahmen beredet wird. Es ist immer eine schwierige Konstellation, wenn ein, zwei Leute da sind, die ein Stück weit dicht machen und drei, vier, die sich öffnen, das hinterlässt doch ein schales Gefühl. (Verbandliche Beratung für Migranten)

Entgegen unseren Vorerwartungen ist Supervision in vielen Einrichtungen keine Wirklichkeit, obwohl die Unterstützungsleistungen einer supervisorischen Begleitung von den Mitarbeitern durchaus wertgeschätzt werden. Woran scheitert der Wunsch der Befragten nach Einführung von Supervision? Was begründet das Veto der vorgesetzten Dienstpositionen? Genannt wird hier zunächst einmal der Kostenfaktor. Zugleich gründet sich dieses Veto – so unsere Interviewpartner – auf Fehleinschätzungen und bisweilen auch auf Vorurteile der vorgesetzten Instanz. Und schließlich wird in einigen Einrichtungen der internen kollegialen Beratung (Moderation der Teamsupervision durch ein in der Regel dienstvorgesetztes Organisationsmitglied) der Vorzug gegeben.

Bei uns ist Supervision nicht angesagt. Die Geschäftsführung sagt, wir sind noch ein relativ kleiner Verband, und solange wir unsere Probleme selber gelöst bekommen, brauchen wir das nicht unbedingt. Ich habe bisher als Sozialpädagogin einmal eine Teamsupervision mitgemacht, die fand ich nicht positiv. Insofern vermisse ich es jetzt nicht dringlich. (Ambulante erzieherische Dienste)

Die Teamsupervision haben wir ganz zu Beginn unserer Arbeit auch mal abgefragt, und sie ist uns nicht zugestanden worden, weil das ja auch eine Kostenfrage war. Die Geschäftsführung war der Auffassung, dass wir Supervision in dem Sinne nicht brauchen, weil wir wie gesagt nicht im Team unmittelbar kooperieren, sondern jeder in seiner Niederlassung eingesetzt ist. (Mieterberatung/Wohnungsbauträger)

Das Thema Supervision ist bei fast allen Vorgesetzten ein rotes Tuch. Das hat einfach politische und somit finanzielle Gründe. Von

Seiten der Vorgesetzten hören wir immer wieder: (Lachen) *„Da lassen wir uns überhaupt auf keine Diskussion ein, weil das müsste ja eventuell ein Angebot zur Folge haben. Das ist nicht zu bezahlen. Wir wissen, dass ihr es schwer habt" und „Ja, man muss sich austauschen" – mehr als diese Sprüche ist dann nicht drin. Aber: Irgendwo muss man ja bleiben mit den Dingen, die man erlebt. Und das wird von ganz vielen einfach noch nicht so verstanden. Ich habe z.B. einen Schulleiter erlebt, der hat Supervision als eine Art Fortbildung betrachtet. (...) Andere wiederum sagen: „Mein Gott, diese permanente Selbstbespiegelung, was soll das denn jetzt?!" Also – da existiert ein komisches Wissen.* (Schulsozialarbeit)

Die Angebote der Supervision nehme ich nicht wahr. Hier wird eine Supervision von Kollegen angeboten, die ebenfalls in der Justizvollzugsanstalt arbeiten. Also: Mein Arbeitgeber bietet eine Art kollegiale Beratung durch Kollegen der gleichen Dienststufe an. (...) Das wollen wir denn aber nicht; wir hätten gerne außen stehende Leute. Das wird aber nicht angeboten. (...) Vorteil eines solchen externen Supervisors wäre es, auch einmal Impulse von außen zu bekommen. (Justizvollzugsanstalt)

8. Auf externe Kontaktpersonen bezogene Erfolge

Dass die Beziehungen zu externen Kooperationspartnern von großer Bedeutung sind, wurde in einem früheren Forschungsprojekt bereits ausführlich belegt (vgl. Kähler 1999b, c). In Ergänzung dazu wurde in der vorliegenden Arbeit nochmals explizit nach der Wichtigkeit und der Art der Ausgestaltung der Beziehungen gefragt, differenziert nach höherrangigen (vgl. Kapitel. 8.1), gleichrangigen (vgl. Kapitel 8.2) und statusniedrigeren (vgl. Kapitel 8.3) Kooperationspartnern außerhalb der eigenen Institution.

8.1 Externe Mitarbeiter: statushöhere Kontaktpersonen

Vier der Untersuchungspersonen äußern in unterschiedlichen Variationen, dass höherrangige Kontaktpersonen gar nicht vorhanden sind oder nicht als solche wahrgenommen werden (kommunale Kindertageseinrichtung, Beratung für Langzeitarbeitslose, Schulsozialarbeit, Sozialpädagogische Familienhilfe). Eine Untersuchungsperson hat zur Zeit wenig Berührungspunkte, prognostiziert aber, dass sich dies in Zukunft ändern könne (stationäre Einrichtung der Jugendhilfe/Inobhutnahme). Obwohl nicht ausdrücklich nach diesen Kategorien befragt, lassen sich die Antworten zu der Frage nach erfolgsbezogenen Aspekten des Umgangs mit höherrangigen Kontaktpersonen nach ergebnisorientierten (vgl. Kapitle 8.1.1), verlaufsorientierten (vgl. Kapitel 8.1.2) und strukturbezogenen Aussagen (vgl. Kapitel 8.1.3) grob unterscheiden.

8.1.1 Ergebnisbezogene Aussagen

Ein großer Teil der Äußerungen zu diesem Bereich bezieht sich auf *ergebnisorientierte Erfolge*. In vielfältigen Ausprägungen laufen diese Einschätzungen immer wieder darauf hinaus, dass es gelingt, bei statushöheren Kontaktpersonen etwas zu erreichen. Beispiele dafür sind:

> *Ich habe ja ein Ansinnen. Wenn ich mich mit den Leuten in Verbindung setze, will ich irgendwas erreichen, und der Erfolg ist dann, wenn ich das erreiche, was ich da vorhabe.* (Bewährungshilfe)

> *(...) ist das natürlich (ein) Erfolg für mich, wenn ich für diesen Klienten dann etwas erreicht habe, was weiß ich, einen Spielplatz bauen kann, weil die Klientel das wünscht. Das heißt, konkrete Zusagen muss ich beispielsweise bekommen.* (Mobile Freizeitangebote für Kinder)

> *(...) dass man für den Patienten bei Gericht eine Betreuung anregt und durchsetzen will, und unser Amtsrichter vielleicht dazu neigt, es abzulehnen, dass man schon guckt, dass man durch die Argumentation und Begründung eben noch mal alles widerlegt, die Notwendigkeit einfach darlegt, und wenn er dann auch nachher sieht, dass dieser Weg für den Patienten am besten ist, sehe ich das schon als (...) Erfolg an.* (Krankenhaussozialdienst/Psychiatrie)

> *Richter (...) Staatsanwälte (...) Verteidiger (...) Rechtsanwälte (...) es ist schon ein Erfolg, wenn man Gehör bekommt. (...) Wenn also das, was man schriftlich fixiert hat, auch akzeptiert wird oder sich damit auseinandergesetzt wird. Das ist mir wichtig. Das ist auch ein Erfolg der Arbeit. Erfolg der Arbeit ist auch, wenn in Gerichtsverhandlungen mein Statement gewürdigt wird. Und das kommt sehr häufig vor.* (Jugendgerichtshilfe)

> *Richter, Familienrichter (...) ich bin nicht (deren) Erfüllungsgehilfe, ich sehe mich auf der gleichen Ebene, und der Gesetzgeber hat eigentlich auch nichts anderes gesagt, das ist die Interpretation, die man in Fachliteratur findet, bestätigen eigentlich mein Bild, da lasse ich mir die Butter nicht vom Brot nehmen. (...) Meine fachliche Meinung möchte ich einfach durchsetzen. Wenn ich das vor dem Hintergrund mache, ich habe solide gearbeitet, ich habe viel investiert, ich kenne das Kind und ich kenne die Verhältnisse (...).* (Allgemeiner Sozialdienst)

> *Beruflicher Erfolg (...) definiert sich da in der Anerkennung, (...) wenn (...) in der Beziehung dazu spürbar wird, dass die eigene Position die den ihr zukommenden Stellenwert hat. Würde ich sagen, dass man dann erfolgreich arbeitet. (...) Betreuungsbehörden (...) verlassen sich auf das, was man (...) mitteilt. (...) wenn dort die eigenen Stellungnahmen Bestandteil der Beschlussfassungen werden, dann denke ich mir, hat man vernünftig gearbeitet.* (Gerontopsychiatrie)

Und in einer besonders krassen negativen Variante einer ergebnisbezogenen Erfolgssicht heißt es:

> *Ausländerbereich (...) von Misserfolg nur so durchsetzt. Verwaltung beispielsweise heißt Abteilungsleiter beim Sozialamt, Abteilungsleiter beim Ausländeramt, was ich mir da alles schon an blauen Flecken geholt habe, wenn die alle körperlich sichtbar wären, dann wür-*

de man wahrscheinlich keine weiße Stelle mehr an meinem Körper finden, weil gerade im Bereich der Ausländer sehr deutlich wird, vorwiegend im Bereich der Flüchtlinge deutlich wird, dass hier zwei Welten aufeinandertreffen, zwei Philosophien. (Verbandliche Beratung für Migranten)

8.1.2 Verlaufsbezogene Aussagen

Die Übergänge zwischen ergebnisbezogenen und verlaufsorientierten Äußerungen zum Erfolg sind natürlich fließend – auch oben klangen schon verlaufsbezogene Aspekte des Erfolgs an. Noch deutlicher wird der Prozess der Zusammenarbeit mit höherrangigen Kontaktpersonen aber in folgenden Passagen der Interviews deutlich – das Gelingen guter Beziehungen und Hinweise auf die Arten, wie dies erreicht werden kann, stehen im Mittelpunkt:

Ich bemühe mich grundsätzlich, eine kooperative Zusammenarbeit mit diesen (...) Berufsgruppen herzustellen, und wenn mir das gelingt, bewerte ich das als Erfolg. (Schuldnerberatung/Wohnungsnotfallhilfe)

Ich rufe (...) da mal an und spreche noch mit jemanden und ich habe das Gefühl, das Gegenüber nimmt ernst, was ich sage und erwirkt zumindest, das auch entsprechend zu prüfen, dann ist das für mich in dem Moment natürlich ein Erfolgserlebnis. (...) Ich war in der Lage, dem Gegenüber recht schlüssig und für ihn anscheinend überzeugend eine Schilderung (...) abzugeben, die für den wohl hieb- und stichfest erscheint. (...) Obschon das dann vielleicht ein Jurist war, der das ganz sicherlich ganz anders sieht. Und dann macht mich das stolz. Dann bin ich der Ansicht, ich habe das, was ich kann, gut rüber gebracht. Denn ich kann ja was, nicht? Und das konnte ich dem dann auch zeigen. So. Das sind solche Sachen. (Justizvollzugsanstalt)

Bei leitenden Mitarbeitern der Stadt Gehör und Resonanz finden, (...) dass die mir Zeit lassen, meine Arbeit vorzustellen, (...) dass die mich einladen, dass ich das (...) vorstellen kann, und dass die so den Kontakt zu mir persönlich auch suchen. (Service-Büro Selbsthilfe im Altenbereich)

Besonders wichtig für die Gestaltung der Beziehungen zu diesen Berufsgruppen scheint zu sein, dass man viel Zeit und Mühe investiert, *sich bekannt zu machen* und selber die Personen persönlich kennt:

Es ist immer eine gute Sache, wenn man zu einer Telefonnummer dann auch ein Gesicht drauf hat, und das war für mich im Anfang ganz nützlich, wenn ich was hatte im Gegensatz zu manchen Kol-

legen, bin ich dann hingefahren, und je öfter man dann da ist, desto besser natürlich dann auch (...). Es vereinfacht die Sache (...), wenn man da eine gute Verbindung hat, ruft man eben an und fragt, wie macht man das noch mal und – ist eine tolle Sache, Erfolg. (Forensische Psychiatrie)

Bekanntheit im Sinne von beim Gericht, beim Familiengericht, beim Jugendgericht, in einer Arztpraxis, (...) möglicherweise auch bei der Polizeidienststelle bekannt zu sein im positiven Sinne dann, so als jemand, man weiß, wenn wir da eine Frage haben, wenn wir ein Problem haben, wenn der Begriff, der Name der Einrichtung fällt, dann können wir den (Name) *anrufen, da haben wir eine Telefonnummer, den haben wir irgendwo in unserm Notizbuch stehen, und das ist jemand Vernünftiges, mit dem kann man reden. So ist das (...) schon ein wesentliches Kriterium.* (Stationäre Einrichtung der Jugendhilfe)

Richter, Familienrichter, da hat man über lange Jahre Erfahrung, und dann wachsen auch Bilder, die man bekommt, aus der Verhandlung heraus, aus der Korrespondenz, aus Telefongesprächen. Auch da ist man auf den Richter zugegangen, so dass man sich kennt. Dann greift man auch leichter zum Hörer und spricht auch mal zwischen dem ersten und zweiten Bericht. Und lotet mal aus, wie ist die Situation. (Allgemeiner Sozialdienst)

Wie? Einladen, um Meinung bitten. Dass ich die Leute auch für Kleinigkeiten anspreche und frage, wie ich das mache(n kann), (...) um deren Fachmeinung bitte, um auch so eine Akzeptanz deutlich zu machen. (...) Dann, was ich sehr gern mache ist, die Leute einfach zu mir einladen. (Kommunale Kindertageseinrichtung)

Wenn so ein gegenseitiges Verhältnis da ist, wo man mal auf dem kurzen Weg auch Dinge absprechen kann (...), weil ich es dann geschafft habe, ein persönlicheres Verhältnis aufzubauen. (Stationäre Einrichtung der Wohnungslosenhilfe)

Viel am persönlichen Einsatz, also auch dieses aufeinander zugehen. (...) Mit diesem Einbringen auch meiner Persönlichkeit (...). Damit meine ich auch, bei dem anderen Interesse zu wecken. Guck doch mal, überlege doch mal und dann darüber hinaus ein besseres Verständnis füreinander zu bekommen. (Angebote für Sinti/Roma)

Dabei kann es lästig sein, im Verhältnis zu höherrangigen Kontaktperson *immer wieder selbst initiativ zu werden* – in der Hinsicht fehlt häufig die Ausgewogenheit:

Ärzte, Psychotherapeuten (...) sehr aufwendig und geht auch in der Regel immer von uns aus. (...) Da besteht einfach relativ we-

nig Interesse an uns (...). Psychiater, Psychotherapeuten bestimmen die Arbeit mit uns ganz eindeutig selbst. (Betriebssozialarbeit)

(Ärzte als Beispiel herausgegriffen) *Da erlebe ich, dass ich immer derjenige bin, der auf die zugeht, was wir manchmal beklagen, aber wir sagen, es (...) dient ja dem Klienten, und insofern machen wir auch immer wieder diese Anstrengung.* (Verbandliche Jugendberatung)

Sich bekannt zu machen und sich den Kontaktpersonen vorzustellen schließt ein, *die eigene Arbeit transparent zu machen*, sich aber auch um das Arbeitsfeld des anderen zu kümmern, vielleicht sogar die andere Seite kompetent zu machen:

Transparenz der Arbeit, dass ich vermitteln kann, was ich hier mache, was wir für eine Einrichtung sind, wozu wir da sind, was wir tun, wie wir handeln, dass wir auch z.B. den Kirchengemeinden Vorträge halten, (...) Polizei einladen (...) Kreis von Ärzten (...). Dass unsere Unterkunft bekannt ist, unser betreutes Wohnen bekannt ist und die Arbeit bekannt ist. (Betreutes Wohnen für wohnungslose Frauen)

Ich versuche, dem die Arbeit (...) transparent zu machen. Also auch rüberzubringen, was ich tue, und umgekehrt erwarte ich das halt auch schon von demjenigen, dass er transparent macht, was gerade in dem Bereich vielleicht für den einen Klienten halt wichtig ist. (Stationäre Einrichtung der Wohnungslosenhilfe)

Ich denke, was wichtig ist, das ist, dass man vom Arbeitsfeld des anderen Bescheid weiß. Ich muss wissen, was der Richter macht, ich muss wissen, welche Kompetenzen er hat; das muss ich beim Arzt wissen, das muss ich bei dem Verwaltungsbeamten, bei dem Chef wissen, mit dem ich spreche, muss ich aber auch bei den Hausbesitzer wissen. (Kommunaler sozialpsychiatrischer Dienst)

Dass wir oft Ärzte in sehr höflicher Form darauf aufmerksam machen müssen, dass es bestimmte Hilfsmittel gibt, weil sie in dem Bereich oft nicht spezialisiert sind. (...) Gerade in Bezug auf häusliche Hilfsmittel, über die Ärzte oft nicht Bescheid wissen. (...) gerade (...) auch (...) ausländische Ärzte, die teilweise unsicher sind und sich dann auf ihre ärztliche Kompetenz zurückziehen, obwohl sie von bestimmten Sachen einfach keine Ahnung (haben) – können sie auch nicht. (Verbandliche Beratung für alte Menschen/Wohnraumanpassung)

Noch mehr ins Detail der Beziehungsgestaltung gehen andere Äußerungen. Hier werden Faktoren wie *Klarheit der Argumentation* oder *Verbindlichkeit der getroffenen Absprachen* genannt. Dazu einige Beispiele:

Indem die mir zuhören, indem ich klar und deutlich formuliere, was mein Anliegen ist, (...) klar und freundlich im Ton und wissen, was man will. Das ist das Wichtigste. Dann klappt es auch in der Regel. (Kommunaler sozialpsychiatrischer Dienst)

(Wichtig ist,) dass ich die Dinge, die (ich) mit diesen Personen zu bereden habe, auch in einer deutlichen Form überbringe, die auch verstanden wird. (Sozialpädagogische Familienhilfe)

Ich muss (...) zuverlässig sein, konkret, genaue Informationen weitergeben. (...) Kooperationsbereitschaft, Akzeptanz (...) Einsatzbereitschaft (...). Wenn solche Berufsgruppen erkennen, da setzt sich jemand wahrhaftig ein und steht auch dahinter, dann fördert das den Erfolg. (Ambulante erzieherische Dienste)

(Richter, Psychologen) *Wichtig ist, dass eben so Absprachen eingehalten bleiben, dass man sich abstimmen kann, (...) dass man (...) miteinander reden kann, Fallbesprechungen macht und sich dann auch daran hält.* (Bezirkssozialdienst, ähnlich Drogenberatung)

(Überwiegend bezogen auf Arbeitsamt als Finanzier.) *Dass die Zeit für unsere Anliegen haben, für mein Anliegen haben, dass sie zuhören, dass sie sich ernsthaft beschäftigen. (...) Wenn die Leute mir zuhören, und da das auch akzeptiert wird, zumindest der Anfang gemacht wird, ist das für mich sehr wichtig für den Erfolg. (...) Überzeugen von meinem Anliegen. (...) eine gewissen Sensibilität herstellen.* (Jugendberufshilfe)

Ein Sozialarbeiter hat immer das Problem der Akzeptanz. (...) Das ist ein Produkt, das auch (...) mit mir selber zu tun hat. Ob ich glaubwürdig bin, ob ich gut das rüberbringe und sachlich (...), jedenfalls strukturiert und die dann merken, (...) der kann, der weiß, wovon er spricht, und das hat Sinn. Das dauert Jahre, ja. (Bewährungshilfe)

Zwei Untersuchungspersonen plädieren auch für *Formen opportunistischen Verhaltens*, um bei dieser Zielgruppe etwas erreichen zu können:

Bei Richtern und Staatsanwälten (...) erfolgreich, wenn ich gut verhandelt habe, wenn die Verhandlungen so gelaufen sind, wie ich mir das vorher vorgestellt habe. (...) Es gelingt mir, das durchzusetzen, was ich für richtig halte. (...) Überzeugungsarbeit (...) Frage der Argumentation (...), dass ich gute Gutachten schreibe, also nachvollziehbare (aber auch:) dass es mir gelingt, (...) dem den entsprechenden Klienten ans Herz zu legen. Und das hat weniger mit Argumenten zu tun als mehr mit einer adäquaten Form von Prostitution (...). (Stationäre Einrichtung der Drogenhilfe)

Es gibt Würdenträger, die wollen, dass du denen die Handtasche ausleckst, das tue ich. Für meine Klientel, tue ich das durchaus auch, wobei ich immer darauf achte, ob ich mich würdelos dabei verhalte oder nicht. Also meine Würde oder die Würde der Klientel darf dabei nicht angegriffen werden. (Mobile Freizeitangebote für Kinder)

8.1.3 Strukturbezogene Aussagen

Als strukturbezogene Aussagen werden hier zum einen Äußerungen zusammengefasst, bei denen bestimmte Merkmale des Verhaltens der höherrangigen Interaktionspartner als gegebene und schwer veränderbare Rahmenbedingungen des eigenen Handelns erlebt und dargestellt werden. So äußert eine Untersuchungsperson, dass Angehörige bestimmter Berufsgruppen – genannt werden Ärzte und Staatsanwälte – nicht teamfähig seien. Sie führt das darauf zurück, dass diese Berufsangehörigen schon von der Ausbildung her immer alleine arbeiteten – (Drogenberatung). Andere Interviewpartner beklagen schlechte Arbeitsprodukte (z.B. schlampige Gutachten von Ärzten, vgl. stationäre Einrichtung der Drogenhilfe) oder bei einem Staatsanwalt, dass er ständig helfen will und darüber seinen eigentlichen Arbeitsauftrag vernachlässige (Drogenberatung). Zum anderen verweisen zwei Untersuchungspersonen auf eigene Persönlichkeitsmerkmale bzw. die eigene Position in der Amtshierarchie, die die Zusammenarbeit mit Berufsangehörigen höheren Ranges beeinflusst. In ihrer Stellung als stellvertretende Leiterin einer Einrichtung, so eine Untersuchungsperson, habe sie vermutlich einen besseren Zugang zu diesen Berufsangehörigen als eine Kollegin aus ihrem Team ohne diese herausgehobene Stellung (Sozialpädagogische Familienhilfe). Und eine andere Untersuchungsperson verweist auf persönliche Schwierigkeiten mit Personen, die Autorität ausstrahlten und denen sie deshalb Ehrfurcht entgegenbringe – eine Erfahrung, die sie als Hypothek aus ihrer Sozialisationsgeschichte mitgebracht habe (Schuldnerberatung/Wohnungsnotfallhilfe).

8.2 Externe Mitarbeiter: statusgleiche Kontaktpersonen

Für einige wenige Untersuchungspersonen ist die Frage nach der Bedeutung gleichrangiger externer Kooperationspartner im Zusammenhang mit Erfolg unergiebig: Es wird bezweifelt, ob das etwas mit Erfolg zu tun habe und nicht vielmehr Mittel zum Zweck der erfolgreichen Arbeit mit Klienten sei (stationäre Einrichtung der Jugendhilfe/ Inobhutnahme, Schuldnerberatung/Wohnungsnotfallhilfe). Es wird darauf hingewiesen, dass es derartige Kontakte so gut wie gar nicht gäbe (Beratung für Langzeitarbeitslose) oder es wird keinerlei Unterschied zu den internen gleichrangigen Kontaktpersonen gesehen (forensische Psychiatrie). Eine Untersuchungsperson stellt erst durch die Frage evoziert fest, dass sie es bisher versäumt habe („Ich war einfach zu faul, glaube ich"), sich um derartige Kontakte zu Arbeitsämtern, Straßenverkehrsamt oder Bewährungshelfern genügend zu kümmern (stationäre Einrichtung der Drogenhilfe). Die meisten Untersuchungspersonen betonen aber die Wichtigkeit derartiger Kontakte in unterschiedlichen Variationen. Sie seien ganz allgemein wichtig für die Arbeit (kommunale Kindertageseinrichtung), wichtig für gegenseitige Klientenvermittlungen und für die Vermeidung von Mehrfachbetreuungen (stationäre Einrichtung der Wohnungslosenhilfe), sie erleichterten die Arbeit (Schuldnerberatung/Wohnungsnotfallhilfe), sie stellten das A und O der Arbeit dar (ambulante erzieherische Dienste), man sei auf derartige Kontakte angewiesen (verbandliche Jugendberatung), sie gehörten unbedingt dazu (Senioren-Netzwerk), je mehr Kontakte dieser Art man hätte, desto erfolgreicher sei die Arbeit (Jugendberufshilfe), sie hätten sich in den letzten Jahren positiv entwickelt (stationäre Einrichtung der Jugendhilfe). Die übrigen Äußerungen sind etwas präziser in den Inhalten und lassen sich – ohne dass diese Kategorien vorgegeben worden wären – grob kategorisieren nach ergebnisbezogenen Aspekten (vgl. Kapitel 8.2.1), verlaufsbezogenen Aspekten (vgl. Kapitel 8.2.2) und nach strukturbezogenen Aspekten (vgl. Kapitel 8.2.3) derartiger Kontakte.

8.2.1 Ergebnisbezogene Aussagen

Gute Kontakte zu den hier genannten Berufsangehörigen sind z.T. existenziell notwendig, weil über sie die Auftragslage entschieden wird. Das angesprochene Ergebnis betrifft hier also (auch) die Existenzsicherung der Einrichtung, erinnert ein wenig an Akquiseanstrengungen von Firmen:

> *Das ist für unsere Arbeit hier äußerst wichtig, weil (...) unsere Auftraggeber eben ja von außen kommen, d.h. unsere Auftraggeber sind die Kolleginnen und Kollegen des ASD und des Jugendamtes. (...) Das ist ein wichtiges Aufgabenfeld für mich, Kontakte zu den Kollegen zu pflegen, auszubauen und auch sie entsprechend zu informieren über unsere Arbeit, über Neuerungen, über Probleme auch, die auftreten können. (...) existenzieller Erfolg. Nämlich wenn wir eine entsprechend gute Auftragslage haben, können wir entsprechend Mitarbeiter beschäftigen. Wenn die zurückgeht, sind auch Arbeitsplätze gefährdet.* (Sozialpädagogische Familienhilfe)

Die anderen ergebnisorientierten Aussagen beziehen sich mehr auf die Vorteile einer verbesserten Klientenversorgung: über gute Kontakte ließen sich Klienten effektiver in andere Einrichtungen vermitteln (Justizvollzugsanstalt), vermittelte Klienten in der ausgewählten Einrichtung würden besser aufgenommen (Krankenhaussozialdienst/Gerontopsychiatrie), die Krisenintervention sei effektiver (verbandliche Beratung für alte Menschen/Wohnraumanpassung), die Selbstbestimmung der Klienten werde gefördert (Drogenberatung), der „kleine Dienstweg" beschleunige die Bearbeitung dringlicher Vorgänge (stationäre Einrichtung der Jugendhilfe/Inobhutnahme, Krankenhaussozialdienst/Psychiatrie).

In einer Äußerung wird die Bedeutung des gerade erwähnten „kleinen Dienstwegs" differenzierter damit begründet, dass Datenschutz und Schweigepflicht den fachlich notwendigen Austausch auf offizieller Ebene eigentlich verhindern. Am Rande der Legalität werde durch entsprechende Kontakte vieles erreicht, was sonst nicht erreicht werden könnte:

> (Befragter hat für den nächsten Tag Kollegen aus Drogencafé eingeladen, als Beispiel.) *Man kann in der Arbeit viel besser miteinander klar kommen. Faktisch auch so, dass man (...) irgendwelche Verwaltungsvorschriften oder sonst was umgeht. Wir haben alle Schweigepflicht. Wir könnten normalerweise überhaupt nicht miteinander arbeiten. (...) wir (sind) da wirklich (...) als Bewährungshelfer Mittler zwischen (...) Arzt, Therapie, Justiz und manchmal auch der Polizei (...) und das finde ich (...) sehr wichtig (...), um vernünftig zu arbeiten.* (Bewährungshilfe)

8.2.2 Verlaufsbezogene Aussagen

Zur Gestaltung der Kontakte kommen Hinweise, die denen der internen gleichrangigen Kontakte weitgehend entsprechen. Sich Zeit nehmen für die Kontaktpflege, wann immer die Zeit es erlaubt, Kollegen besuchen oder in die eigene Dienststelle einladen, Rückmeldungen geben, sich in den Einrichtungen der Kollegen vorstellen, den Dialog pflegen, die Hinweise kreisen um Praktiken, die allgemein für die Pflege von guten Beziehungen gelten (verbandliche Jugendberatung, stationäre Einrichtung der Wohnungslosenhilfe, Bezirkssozialdienst, verbandliche Beratung für alte Menschen/Wohnraumanpassung, Mieterberatung/Wohnungsbauträger, Allgemeiner Sozialdienst, verbandliche Beratung für Migranten). Exemplarisch ist die folgende Äußerung:

> *Weihnachtsfeiern (...) Betriebsfeiern (...) Fallbesprechungen (...). Nicht nur immer diese sachliche formelle Ebene, sondern das läuft auch sehr über persönliche Kontakte.* (Betreutes Wohnen für wohnungslose Frauen)

8.2.3 Strukturbezogene Aussagen

Mehrmals betonen Untersuchungspersonen die *Bedeutung von Arbeitskreisen oder Arbeitsgemeinschaften* für das Anbahnen und die Aufrechterhaltung von Kontakten zu gleichrangigen Angehörigen anderer Berufe:

> *Wichtig (sind) Arbeitskreise, die regelmäßig stattfinden. (...) es ist ganz schwierig, innerhalb der Sozialarbeiter Kollegen zu finden, (...) denen diese Arbeit so fremd ist, so bestimmte Sachen nachvollziehen zu können. Das ist immer nur mit den Kollegen, die in dieser Arbeit drin stecken. Und es gab dann auch (...) reine Arbeitkreisgespräche nur mit Leuten, die in der Zigeunerarbeit waren.* (Angebote für Sinti/Roma)

> *Es gibt eben verschiedene Arbeitskreise, verschiedene Arbeitsgruppen, wo wir uns dann treffen. Die wir auch selber arrangieren und so.* (Bezirkssozialdienst)

> *Sehr wichtig, dass man sich trifft, dass man sich in Psychosozialen Arbeitsgemeinschaften miteinander austauscht. Selbstverständlich ist das überhaupt nicht.* (Kommunaler sozialpsychiatrischer Dienst)

> *Wir haben hier (...) einen Arbeitskreis von Sozialarbeitern, Lehrern, Erzieherinnen, (...) Psychologen usw. Die persönliche Nähe und die Akzeptanz der Arbeit des Anderen entlastet mit Sicherheit unheimlich (...). Finde ich (...) sehr wichtig.* (Jugendgerichtshilfe)

In zwei weiteren Äußerungen geht die Kooperation einen Schritt weiter: es ist die Rede von festgeschriebenen *Kooperationen* bzw. von der Notwendigkeit einer sozialräumlichen *Vernetzung*:

> *Wir haben das so gemacht, dass wir schlicht und ergreifend Kooperationsverträge abgeschlossen haben, z.B. mit unserer Beratungsstelle (...). Dass die für den Wohnungsbezug zuständig sind. (...) Das ist auch Arbeitserleichterung (...). Wenn es auch um die Nachbetreuung geht. Das könnte ich gar nicht leisten. (...) Auch mit der Drogenberatung (gibt es einen) Kooperationsvertrag.* (Betreutes Wohnen für wohnungslose Frauen)

> *Sozialräumliche Vernetzung (...) ist nicht möglich, wenn man mit diesen Kollegen nicht reden kann oder untereinander Positives oder Negatives auch aufgreifen kann. Gemeinsam auch Erfolge oder auch Niederlagen besprechen können. Also ohne diese Zusammenarbeit wären wir (...) nur die Hälfte dessen, was wir da draußen machen.* (Mobile Freizeitangebote für Kinder)

Schließlich werden als Hindernisse für Kooperationen Konkurrenzdenken und das negative Bild der Institution sowie die häufig anzutreffende Unterqualifizierung bei den Kontaktpersonen angesprochen (Schulsozialarbeit).

8.3 Externe Mitarbeiter: statusniedrigere Kontaktpersonen

Etwa ein Drittel der Untersuchungspersonen gibt an, dass derartige Kontaktpersonen *gar nicht oder nur sehr selten eine Rolle in ihrer Arbeit spielen* (Schuldnerberatung/Wohnungsnotfallhilfe, Betriebssozialarbeit, Jugendberatung, stationäre Einrichtung der Drogenhilfe, Drogenhilfe, Sozialdienst im Krankenhaus/Psychiatrie, Wiedereingliederung Langzeitarbeitsloser, Schulsozialarbeit, Jugendschutz-Einrichtung, Migrationshilfe). Eine Untersuchungsperson bestreitet den Sinn der vorgegebenen Einteilung nach Statusunterschieden:

> *Ich sehe nicht den Unterschied, dass ich sage, so die Ärzte sind jetzt über mir oder die Richter sind über mir. (...) die Sichtweise der Ärzte und Richter mag ja so sein, aber genauso gilt das für die Hausmeister (...) sind für mich ganz wichtige Leute. Die Sekretärinnen auch. (...) Man kriegt sehr viel Informationen mit.* (Mieterberatung/Wohnungsbauträger)

In der Mehrzahl der Interviews wird die Wichtigkeit dieser Kontakte durchaus betont. Dies erfolgt teilweise mittels allgemeiner Hinweise (mobile Freizeitangebote für Kinder, Krankenhaussozialdienst/Gerontopsychiatrie), teilweise werden aber auch bestimmte Berufsgruppen oder Institutionen genannt. Ausgesprochen wichtig scheinen zum Beispiel die Hausmeister zu sein, denen eine große Macht zugesprochen wird (Service-Büro Selbsthilfe im Altenbereich, Bezirkssozialdienst, verbandliche Beratung für alte Menschen/Wohnraumanpassung). Erwähnt werden auch Pförtner (forensische Psychiatrie), Sachbearbeiter beim Sozialamt (stationäre Einrichtung der Wohnungslosenhilfe), Mitarbeiter in Gerichten oder Geschäftsstellen (Bewährungshilfe).

Die übrigen Äußerungen lassen sich wieder nach den schon genannten Kategorien grob zuordnen in ergebnisbezogene Aussagen (vgl. Kapitel 8.3.1) und verlaufsbezogene Aussagen (vgl. Kapitel 8.3.2). Strukturbezogene Aussagen fehlen.

8.3.1 Ergebnisbezogene Aussagen

Besonders „Vorzimmerdamen" können wesentliche Hindernisse beziehungsweise Beschleunigungsfaktoren sein, wenn es gilt, an Entscheidungsträger heranzukommen:

Wichtig (...) für das Arbeitsklima überhaupt, aber sicherlich auch für den Erfolg von Arbeit, wenn ich z.B. eine schlechte Beziehung zur Sekretärin habe, hat natürlich auch die Sekretärin Möglichkeiten, meine Arbeit (...) in gewissen Punkten zu sabotieren oder das deutlich zu machen. Und insofern ist es auch schon eine wichtige Angelegenheit. (Sozialpädagogische Familienhilfe)

Vorzimmerleute von Gerichten, Staatsanwaltschaften (...) Man kommt dann besser zurecht. (...) Da ist dann schon mal eher jemand bereit zu sagen, da ist zwar im Moment keiner da, aber Sie kriegen bestimmt in einer Stunde jemanden. Oder vielleicht dann auch mal eher einer bereit zu sagen, ich verspreche, dass wir zurückrufen. (Justizvollzugsanstalt)

Sachen zum Tippen (bei dringenden Sachen wichtig, dass man sich seit langem persönlich kennt.) Ich denke, wenn man dann so lange zusammenarbeitet, dann, wenn es auch wirklich dringlich ist, und nicht ständig sagt, es ist dringend, dann funktioniert das auch. Das ist die persönliche Ebene. (Betreutes Wohnen für wohnungslose Frauen)

Redaktionssekretärin, Hausmeister (...) Habe ich einen Draht zu denen, kennen die mich, wissen die, dass ich freundlich mit denen umgehe, dann gehen die auch hin und holen denjenigen direkt ans Telefon. Andere sagen, kann ich nicht und ist nicht da, also würgen die sofort ab. (Verbandliche Beratung für Migranten)

Schreibkräfte, Handwerker (...) Man ist einfach auf diese Leute angewiesen. Weil bestimmte Dinge dann sehr viel schneller gehen. (...) Materialbeschaffung (...) (Kommunale Kindertageseinrichtung)

Eine Untersuchungsperson weist diesem Personenkreis, der häufig über besonders intensive Kontakte zu den Klienten verfügt, eine Art *Frühwarnfunktion* zu:

(Pflegefirmamitarbeiter) Ich brauche die ja wieder als Rückmelder. D.h. ich habe eine Vielzahl von Betroffenen zu betreuen, ich kann nicht jede Woche zu jedem hinfahren, sondern ich bin einfach drauf angewiesen. Wir nennen das immer so, dass ich einen Feuermelder da habe, und der Feuermelder (...), der muss aber gepflegt werden. (...) Die müssen wissen, da sitzt einer, den kann ich neben meinem Pflegedienstchef anrufen, und der bespricht das mit mir. (...) Oder Nachbarn, Ehrenamtliche. Und ein richtig intensiver Ehrenamtlicher macht viel Arbeit. (Kommunaler sozialpsychiatrischer Dienst)

Oder es gelingt, über diesen Personenkreis die *Klienten zu motivieren*:

Durch Kontakthaltung zu diesem Personenkreis (...) kann ich wieder Klienten dahin bringen, motivieren, bzw. die rufen mich dann auch an und sagen, es läuft nicht weil, und ich kann wieder – ist auch wieder so eine Vernetzung. (Jugendgerichtshilfe)

Oder eine ehrenamtliche Helferin schafft es, durch ihre Aktivität *wichtige Finanzmittel* zu sparen:

Und dann ist es schon ein Erfolg, wenn man dann eine Mutter zu einem Lebensmittelladen schickt und die schafft es dann für eine Aktion im Hort, Getränke im Wert von was weiß ich hundert Mark zu organisieren (...). Das ist einfach ein Erfolg, weil man auch dadurch wirklich manchmal finanzielle Vorteile hat. (Kommunale Kindertageseinrichtung)

Schließlich verweist eine Untersuchungsperson auf die Möglichkeit, dass aus einer statusniedrigeren Person ein Vorgesetzter werden könnte – aus taktischen Gründen empfehle es sich, immer respektvoll aufzutreten (auch wenn das nachfolgende Beispiel einigermaßen unwahrscheinlich anmutet):

Man muss die Leute unabhängig wo sie stehen, man (muss) denen immer respektvoll entgegentreten, denn es ist ja durchaus möglich, dass der Tellerwäscher zum Amtleiter wird (...) Mit jedem einen guten und freundlichen Umgang pflegen, so dass ich den in zehn Jahren auch noch mal wieder treffen könnte. Finde ich schon wichtig. Ist auch ein Erfolg. (Ambulante erzieherische Dienste)

8.3.2 Verlaufsbezogene Aussagen

Die verlaufsorientierten Aussagen entsprechen weitgehend den gängigen Vorstellungen über die Gestaltung guter Beziehungen zwischen Berufstätigen, die zusammenarbeiten. Die Vorschläge heben hervor, dass man durchaus ein wenig Aufwand betreiben müsse (Jugendberufshilfe), dass man sich Zeit nehmen solle (Allgemeiner Sozialdienst), die Personen in Briefen und Faxen direkt ansprechen, sich in Prospekten mit Fotos vorstellen solle (verbandliche Beratung für alte Menschen/Wohnraumanpassung), eine menschlich-persönliche Ansprache wählen müsse (Mieterberatung/Wohnungsbauträger), die Arbeit des jeweils anderen anerkennen solle (stationäre Einrichtung der Jugendhilfe). Handwerker werden zur Mittagspause in die Einrichtung eingeladen (Angebote für Sinti/Roma), eine Atmosphäre werde geschaffen, in der es möglich ist, sich wechselseitig auf Fehler aufmerksam zu machen (Krankenhaussozialdienst/Gerontopsychiatrie). Eine Untersuchungsperson hebt hervor, dass sie freundlicher zu Personen dieser Kategorie als zum Abteilungsleiter sei:

Kommt häufig vor, dass ich mit dem Hausmeister, der den Scheißjob vor Ort im Wohnheim macht, viel freundlicher umgehe und mir viel mehr Mühe um den gebe, als mit dem Abteilungsleiter, der mich sowieso mit dem Hintern nicht anguckt. (Verbandliche Beratung für Migranten)

9. Kompetenz-Profile in der Sozialen Arbeit

In den aktuellen Diskursen über Fachlichkeit und professionelle Identität der Sozialen Arbeit werden vielfältige Anforderungskataloge und Kompetenz-Inventare angeboten. So unterschiedlich diese im Detail auch sein mögen – gemeinsam ist diesen Angeboten das Bemühen um die Entwicklung eines Katalogs von Gütekriterien, an denen eine gelingende Fachlichkeit der Sozialen Arbeit bemessen werden kann. Bei einer ersten Durchsicht dieser Kompetenz-Profile, die jene personengebundenen Fertigkeiten und Fähigkeiten auflisten, welche notwendiges Requisit eines erfolgreichen beruflichen Handelns sind, fallen insbesondere zwei Aspekte auf:

(1) Die Anforderungskataloge, die in der aktuellen Diskussion gehandelt werden, tragen gemeinsam eine normativ-präskriptive Prägung. Sie formulieren ein vermeintliches Optimum an pädagogischer Handlungskompetenz, einen idealen Maßstab berufspraktischer Qualifikationen („das ideale berufliche Selbst"). Für die Berufspraktiker im sozialen Feld aber sind diese normativen Vorgaben eines idealen Katalogs berufspraktischer Handlungskompetenzen wenig hilfreich. Denn: Dort, wo sie ihre berufliche Praxis an diesen normativen Rastern bemessen, resultieren Defiziteinschätzungen und entmutigende Erfahrungen der eigenen beruflichen Unzulänglichkeit. Sie schreiben in Sachen Fachlichkeit „rote Zahlen", da die Verwicklungen des beruflichen Alltags die Einlösung dieser idealen Standards nur allzu oft erschweren oder gar unmöglich machen. Die Konsequenz aber ist eine defensive Professionalisierung, die sich um das Mängelbewusstsein organisiert, dass diese idealen Parameter an berufspraktischen Qualifikationen im pädagogischen Alltag allenfalls in Annäherungswerten je erreicht werden.

(2) Die angebotenen Kompetenz-Inventare sind in der vorliegenden Literatur in vielfältigen, sich widerstreitenden und durchaus nicht deckungsgleichen Taxonomien zusammengefasst. Eine Durchsicht dieser in der Literatur angebotenen Kompetenz-Taxonomien dokumentiert recht nachdrücklich, dass diese Diskussion das akademische Gebäude nur selten verlässt und eingefangen ist in den Widerstreit unterschiedli-

cher paradigmatischer Denkmodelle. Was in der Forschungslandschaft hingegen fehlt, das ist eine systematische Analyse der Interpretationsmuster der Berufsvertreter selbst, eine Analyse also der im Verlauf der subjektiven Berufsbiographie gesammelten Erfahrungen, in denen die Mitarbeiter und Mitarbeiterinnen sozialer Dienste und Einrichtungen mit Blick auf die je spezifischen (inhaltlichen, methodischen und organisatorischen) Zuschnitte des eigenen Handlungsfeldes jene Kompetenzen aufordnen, die ihnen Garanten einer gelingenden Sozialen Arbeit sind. Dieser subjektive Blick auf die notwendige Kompetenz-Ausstattung der im sozialen Feld Tätigen war Gegenstand des letzten Teils unserer Interviews.

9.1 Zur Einführung: Der Kompetenz-Begriff in der Diskussion

Ausgangspunkt unseres Nachdenkens ist die Annahme, dass sich im Alltagswissen eines jeden Mitarbeiters im sozialen Feld im Verlauf seiner beruflich-praktischen Tätigkeit ein stiller Code von Standards sedimentiert, an dem eine gelingende fachliche Arbeit gemessen wird. Im Spiegel dieses alltagstheoretischen Codes subjektiver Messstandards wird der berufliche Alltag immer dann als erfolgreich wahrgenommen, wenn es dem einzelnen Mitarbeiter gelingt, diese Gütekriterien einer fachlichen Beziehungsarbeit zu erfüllen und zentrale berufliche Handlungskompetenzen zu realisieren.

Die Diskussion über berufliche Fähigkeiten und Fertigkeiten in der Sozialen Arbeit reicht zurück bis in die '70er Jahre. Zentral war in allen Zeitetappen dieser Diskussion die Unterscheidung zwei Begriffe: *Qualifikation und Kompetenz*. Unternehmen wir hier einführend einen kurzen Versuch, die Differenz zwischen beiden Begrifflichkeiten herauszuarbeiten.

Berufliche Qualifikationen („Schlüsselqualifikationen") sind nach gängiger Sprachregelung jene Bestände von Kenntnissen, Fähigkeiten, Fertigkeiten, Einstellungen und Werthaltungen, über die eine Person verfügen muss, um die an den jeweiligen Arbeitsplatz gebundenen beruflichen Aufgaben erfolgreich bewältigen zu können. „Qualifikationen stellen normative Zuschreibungen dar, die aus funktionalen Aufgabenanalysen abgeleitete Fähigkeiten und Fertigkeiten benennen, die zur Bewältigung einer Aufgabe ‚objektiv', das meint vom Standpunkt der externen Perspektive, notwendig erscheinen. Qualifikationen und Qualifikationsbündel sind aufgabenbezogene Rollenzuschreibungen, die aus der

Sichtweise objektivierender Fremdbeurteilung personenunabhängige Anforderungen festschreiben: es wird angenommen, dass jeder, der das ausgewiesene Qualifikationsprofil aufweist, potentiell über die notwendigen Voraussetzungen verfügt, die entsprechende Aufgabe zu erfüllen" (Sagebiel 1994, S. 250). Qualifikationen bezeichnen somit das personen- und kontextunabhängig definierte Profil der arbeitsplatzbezogenen Fähigkeiten eines Mitarbeiters/einer Mitarbeiterin (niedergeschrieben z.B. in verobjektivierenden Arbeitsplatzbeschreibungen). Neben fachspezifischen Beständen von wissenschaftlich-technologischem Wissen umfassen Qualifikationen methodisch-verfahrensbezogene Sachkenntnisse sowie soziale und selbstreflexive Fähigkeiten. Die Erfüllung dieses arbeitsplatzbezogen definierten Profils von Qualifikationen ist das notwendige Requisit eines erfolgreichen beruflichen Handelns im jeweiligen institutionellen Handlungsfeld. Nur dort, wo die objektiven Anforderungen des Arbeitsplatzes und die individuellen Arbeitsvoraussetzungen des Stellenbesitzers („Arbeitsvermögen") in einem balancierten Entsprechungsverhältnis zueinander stehen, wird eine gelingende berufliche Aufgabenbewältigung möglich.

Der so beschriebene, instrumentell-technisch geprägte Qualifikationsbegriff geriet schon bald in das Fadenkreuz der Kritik. Der *Begriff der Kompetenz* („pädagogische Handlungskompetenz") trat mehr und mehr in den Mittelpunkt des Professionalisierungsdiskurses. Diese begriffliche Akzentverschiebung nun ist mehr denn nur eine Modernisierung der Sprachmuster. Diese Veränderung der begrifflichen Sprachspiele signalisiert vielmehr eine entschiedene Abkehr von allein in 'objektiven' Wissensparametern messbaren Qualifikationen und *eine stärkere Beachtung der Idiographie personengebundener Fähigkeiten der im sozialen Feld handelnden Personen* (die subjektive Wende der Professionalisierungsdebatte). Hintergrund dieses Paradigmenwechsels im Nachdenken über pädagogische Professionalität ist die Einsicht in die strukturelle Offenheit der sozialpädagogischen Interaktion: Soziale Arbeit handelt in ihren vielfältigen Tätigkeitsfeldern (anders als standardisierte und routinisierte Verfahrensabläufe in Produktion und Administration), in der Regel nicht in normierten und sozial präformierten Situationen, für die sich standardisierte Qualifikationsmerkmale formulieren ließen. Im Gegenteil: Die Variabilität und die strukturelle Offenheit der sozialen Beziehungsarbeit verlangen von dem pädagogischen Mitarbeiter jeweils fall- und situationsspezifisch eine Vergewisserung über den Bedeutungsgehalt der Interaktion und damit eine Antwort auf die Frage, welche pädagogischen Fähigkeiten und Fertigkeiten in der aktuellen Fallsituation angemessen angemessen sind. Folgerichtig kann die Beschreibung eines

Anforderungsprofils im jeweiligen institutionellen Handlungsfeld nicht über formale, standardisierte, situations- und personenungebundene Kriterien (allein) erfolgen, denn die prinzipiell offene Struktur der Beziehungsarbeit und die hiermit verknüpfte Notwendigkeit einer hermeneutisch-rekonstruktiven Situationsdeutung verlangen vom beruflichen Helfer den Einsatz individueller (und allen Standardisierungsversuchen sich sperrender) Interpretations- und Handlungsfähigkeiten (Soziale Arbeit als offene „stellvertretende Lebensdeutung" der Identitätsentwürfe und der Alltagsprobleme der Klienten; vgl. Dewe u.a. 1993; Hanses 2000). Pädagogische Kompetenz – so können wir im Anschluss an diese Argumentation sagen – ist somit das je individuelle, biographisch bestimmte und durch berufliche Erfahrungen gesättigte *Patchwork von wissenschaftlich-fachlichen, methodischen, organisatorischen, sozialen und personalen Fähigkeiten*, auf das der Soziale Arbeiter zurückgreift, um in einer gegebenen pädagogischen Situation sinnhaft zu handeln. Berufliche Kompetenzen realisieren sich in der Fähigkeit des professionellen Helfers, die wechselnden Aufgaben und Anforderungen des beruflichen Alltags zu bewältigen und auch unter den Bedingungen von Unsicherheit, Kontingenz und struktureller Bedeutungsoffenheit handlungsfähig gegenüber dem je besonderen Fall zu werden. „Kompetenzen beschreiben kontextgebundene, personenabhängige Fähigkeiten, die den Regeln und Werten eines spezifischen, sozialen Kontextes entsprechen und nur dort als notwendig und sinnvoll gedeutet werden (...). Professionstheoretisch sind Kompetenzen die personal determinierten hermeneutischen Fähigkeiten, also die Art und Weise, wie das Objektive situationsangemessen subjektiv verkörpert wird. Die Aneignung von Kompetenzen als berufsspezifisches Erfahrungswissen, Deutungsmuster, Sachlogiken und Handlungskompetenzen ist kontextgebunden und kann somit notwendigerweise nur innerhalb des jeweiligen Tätigkeitsbereiches erfahren und sozialisiert werden. Sie stehen als subjektiv verfügbare Fähigkeiten im Zusammenhang mit der individuellen Lern- und Berufsbiographie" (Sagebiel 1994, S. 250 f).

In der wechselhaften Geschichte des Professionalisierungsdiskurses sind vielfältige *Taxonomien pädagogischer Handlungskompetenzen* vorgelegt worden, die aufgrund ihrer Herkunft aus unterschiedlichen paradigmatischen, disziplinären und handlungslogischen Lagern kaum auf einen einheitlichen Nenner zu bringen sind. Eine Diskussion dieser Taxonomien muss an dieser Stelle unterbleiben; sie würde den Rahmen unseres Beitrages überschreiten (vgl. Combe/Helsper 1996; Dewe u.a. 1993; Ferchhoff/Kurtz 1998; Geißler/Hege 1988; zusammenfassend Max 1999; Sagebiel 1994). Genügen soll hier ein Blick auf die (deskriptive und sicher ergänzungsbedürftige) Typologie von Fähigkeiten, die Tilly Miller in einer neueren Veröffentlichung vorgelegt hat. In dieser Typologie werden kognitive, personale, soziale, psychomotorische und instrumentelle Kompetenzen unterschieden.

Typologie von Fähigkeiten (nach Miller 2000, S. 27)

Kognitive Fähigkeiten	Abstraktes Denken, analytisches Denken, Entschlüsseln von Symbolen, Erkennen von Gesetzmäßigkeiten, Fähigkeit der komplexen Informationsverarbeitung, Kombinatorik, konzeptionelles Denken, logisches Denken, Prognostizität, Reflexivität, Unterscheidungsfähigkeit, Urteilsfähigkeit, vernetztes Denken, Vollzug von Rechenoperationen.
Personale Fähigkeiten	Authentizität, Beharrlichkeit, Disziplin, Eifer, Fähigkeit zum Bedürfnisaufschub, Interessen, Kreativität, Lernfähigkeit, Selbständigkeit, Selbstbeherrschung, Selbstdisziplin, Selbsteinschätzung, Selbstkontrolle, Selbstmotivation, Selbstorganisation, Selbststeuerung, Selbstvertrauen, Selbstwahrnehmung, Selbstwertgefühl, Verantwortungsgefühl, Wille, Zielorientiertheit, Zivilcourage.
Soziale Fähigkeiten	Achtung, Respekt vor dem Anderen/Fremden, Ambiguitätstoleranz, Anpassungsfähigkeit, Aufrichtigkeit, Ausdauer, Belastbarkeit, Distanzfähigkeit, Durchsetzungsfähigkeit, Empathie, Engagement, Experimentierfreude, Fairness, Flexibilität, Führungsfähigkeit, Geduld, Gruppen- und Teamfähigkeit, Kommunikationsfähigkeit, Kompromissfähigkeit, Konfliktfähigkeit, Kooperationsfähigkeit, Kritikfähigkeit, Leistungsbereitschaft, Neugier, Offenheit, Solidarität, Toleranz, Verantwortungsbereitschaft, Verlässlichkeit.
Psychomotorische Fähigkeiten	Konzentrationsfähigkeit, körperliche Ausdauer, Motorik, Reaktionsfähigkeit.
Instrumentelle Fähigkeiten	Durchführen, effektiv arbeiten, entscheiden, Fertigkeiten, informieren, kontrollieren, koordinieren, methodische Fähigkeiten, mit Ressourcen haushalten, planen, Problem lösen, Strategien entwickeln, Stressmanagement, systematisches Vorgehen, technologische Fähigkeiten, Zeitmanagement.

Beenden wir hier diese einführenden Anmerkungen und wenden uns den Befunden unserer qualitativen Befragung zu. Das Material unserer Interviews zum Thema „Berufliche Handlungskompetenzen" ist sehr umfangreich und differenziert. In der materialgebundenen kategorialen Analyse ergeben sich insgesamt vier Dimensionen, in denen unsere Interviewpartner die Kompetenz-Profile der Sozialen Arbeit vermessen: 1. persönliche Grundvoraussetzungen für erfolgreiches Arbeiten im sozialen Feld – Persönlichkeitsmerkmale, Grundhaltungen und personale

Ethik (vgl. Kapitel 9.2), 2. instrumentelle Kompetenzen (vgl. Kapitel 9.3), 3. (selbst-)reflexive Kompetenzen (vgl. Kapitel 9.4), und schließlich 4. soziale Kompetenzen (vgl. Kapitel 9.5).

9.2 Persönlichkeitsmerkmale, Grundhaltungen, personale Ethik

Voraussetzung für ein erfolgreiches Arbeiten im Handlungsfeld der Sozialen Arbeit und zugleich Schutzschild gegen die Gefährdungen des beruflichen Ausbrennens – so die Einschätzungen unserer Interviewpartner – sind spezifische personale Grundqualifikationen (vgl. auch Kapitel 7.1. 1). Genannt werden hier spezifische Bestände von Persönlichkeitsmerkmalen, werthaltigen Grundeinstellungen und beziehungsethischen Überzeugungen, die – außerhalb und vor aller fachlich-beruflichen Sozialisation – unverzichtbare Bestandteile des Persönlichkeitsprofils von MitarbeiterInnen im sozialen Feld sein sollten. Die folgenden Interviewauszüge geben eine Übersicht über diese personalen Grundqualifikationen.

Akzeptanz, Toleranz (...) die Grundeinstellung, dass jede Klientin, die zu uns kommt, ein Recht hat, hier zu sein, und nicht einfach nur hilfebedürftig und defizitär ist; die Fähigkeit und die Bereitschaft, sie auch mit ihren Stärken sehen zu können. Unser „Arbeitskapital" ist unser Interesse an den Klientinnen und ihren Lebensgeschichten, Offenheit und Respekt. (Betreutes Wohnen für wohnungslose Frauen)

Respekt vor der Persönlichkeit des Anderen, wie unterschiedlich sie im Vergleich zu meinen Vorstellungen auch immer gelagert sein mag; Wertschätzung und der Respekt gegenüber den Schritten, die der Klient gehen will, und den Zielen, die er erreichen möchte. Vertrauen in seine Fähigkeiten, mit meiner Unterstützung einen eigenen Weg zu finden. (Verbandliche Jugendberatung)

In diesem Job hier braucht man Durchsetzungsvermögen und einen eigenen Kopf, Selbständigkeit, Engagement, Selbstbewusstsein und die Fähigkeit, Beziehungen aufzubauen und aufrechtzuerhalten. (Bezirkssozialdienst)

Ein Sozialarbeiter muss die Bereitschaft mitbringen, Beziehungen und Kommunikation zu gestalten, Verantwortung zu übernehmen. Er muss ein hohes Maß an Einfühlungsvermögen beweisen, also eine Kompetenz im Hinblick auf Empathie und Akzeptanz; er muss sich aber auch abgrenzen können. (Kommunaler sozialpsychiatrischer Dienst)

Jeder im sozialen Bereich Tätige muss eine ganz hohe Frustrationstoleranz haben. Soziale Arbeit ist immer wieder mit Frustratio-

nen durchsetzt, insbesondere jetzt, da wir in besonderem Maß von Einsparungen betroffen sind und kaum eine durchsetzungsfähige Lobby haben. Hinzu kommen: Teamfähigkeit, Kooperationsbereitschaft, ein kreatives Denken ohne fest vorgegebene Schubladen. (Verbandliche Beratung für Migranten)

Wertschätzung, Hilfsbereitschaft und vor allem: Man muss ein gesellschaftsbewusst denkender Mensch sein, der nie an der Ansicht zweifelt, dass man gesellschaftliche Strukturen im Kleinen verändern kann. (Allgemeiner Sozialdienst)

Durchhaltevermögen, Reflexionsfähigkeit, eine hohe persönliche Integrität – echt sein; immer wieder eine Übereinstimmung herstellen zwischen Reden und Handeln und zwischen dem fachlichen Ansatz und der eigenen Grundüberzeugung. (Stationäre Einrichtung der Jugendhilfe)

9.3 Instrumentelle Kompetenzen

Der Begriff der *instrumentellen Kompetenz* bezeichnet die kognitiven Anteile der subjektiven Kompetenzausstattung. Instrumentelle berufliche Kompetenz umfasst folgende Bausteine (vgl. auch Geißler/Hege 1999, S. 227 ff):

- Ein allgemeines Orientierungswissen, mit dessen Hilfe die Vielfalt der beruflichen Aufgabenstellungen strukturiert und organisiert werden kann.
- Ein analytisches Wissen um die Umweltstrukturen des beruflich institutionellen Handelns.
- Die Verfügbarkeit von Fachwissen und die Fähigkeit, dieses Wissen in der analytischen und methodischen Bearbeitung von fachlichen Aufgabenstellungen anzuwenden.
- Die Beherrschung von berufsbezogenen Fähigkeiten und Fertigkeiten, die Routinisierung und Habitualisierung von Arbeitsabläufen.

Die Bedeutung instrumenteller Kompetenz als eines notwendigen Requisits erfolgreicher Sozialer Arbeit wird in unseren Interviews sehr umfassend thematisiert. Die kategoriale Analyse dieses Interviewmaterials ergibt insgesamt sechs Dimensionen von instrumenteller Kompetenz.

9.3.1 „Allerweltskenntnisse"

Eine erste Kategorie umfasst Aussagen, in denen die befragten PraktikerInnen sozialer Dienste auf ein fachliches „Jedermanns-Wissen" verweisen, das (jedem berufserfahrenen Mitarbeiter gleichsam selbstverständlich und unhinterfragt verfügbar) eine hilfreiche Background-Ressource der Alltagsarbeit ist. Genannt werden hier insbesondere das Wissen um die lokale soziale Dienstleistungslandschaft sowie das Wissen um materielle Ressourcen und formal-bürokratische Antrags- und Verfahrenswege. Im einzelnen werden genannt:

> *Das Wissen um die Verfahrenswege bei Arbeitslosigkeit; amtliche Zuständigkeiten für Personalausweis, Steuerkarte, Aufenthaltsbewilligungen usw.* (Justizvollzugsanstalt)

> *Die kommunale Dienstleistungs-Landkarte kennen; wissen, welche finanziellen Fördermöglichkeiten es in der Stadt, im Land gibt und welche Antragswege zu diesen finanziellen Ressourcen führen.* (Bezirkssozialdienst)

> *Kenntnisse über die (gerontologische) Angebotsstruktur in der Versorgungsregion.* (Krankenhaussozialdienst/Gerontopsychiatrie)

> *Sprachkenntnisse in der Asylarbeit.* (Verbandliche Beratung für Migranten)

> *In der Sozialen Arbeit muss man ein bisschen über Haushalt, über Kommunalpolitik Bescheid wissen (...). Wie funktioniert das, was passiert gerade in meinem Sprengel? Dieses Wissen ist wichtig, um kommunale Quellen zu erschließen und zu nutzen, und um Einfluss zu nehmen.* (Allgemeiner Sozialdienst)

> *Sozialhilfeanträge ausfüllen können, Überbrückungsgelder und Kautionsstellungen für Wohnungen beantragen können.* (Forensische Psychiatrie)

9.3.2 Rechtliches und sozialwissenschaftliches Fachwissen

Eine zweite Dimension instrumenteller Kompetenz bezieht sich auf das wissenschaftliche Fachwissen, das notwendiges Fundament einer produktiven Bearbeitung der berufsalltäglichen Anforderungen ist. Alle Interviewpartner, die sich zu diesem Thema zu Wort melden, verweisen zum einen auf die unverzichtbare Notwendigkeit von differenzierten rechtlichen Kenntnissen im jeweiligen Handlungsfeld. Sie verweisen zum anderen – je nach Zuschnitt des persönlichen beruflichen Settings – auf die Bedeutung, die sozialwissenschaftlichen Kenntnissen über die strukturellen Ursachen sozialer Probleme bzw. die sozialmedizinischen Kenntnisse über Krankheitsbilder, Diagnoseverfahren, medikamentöse, therapeutische und technische Hilfen zukommt.

> *Ich muss mich im BSHG auskennen, diese ganzen rechtlichen Belange der Klientinnen. Ich muss um Störungsbilder wissen, ich muss um die psychosozialen Belange der Klientinnen wissen, muss wis-*

sen, wie ich mit emotionalen Belastungen umgehe. (Betreutes Wohnen für wohnungslose Frauen)

Jeder Sozialarbeiter im Bereich der Altenarbeit sollte sich intensiv mit entsprechenden Gesetzen und Verordnungen auseinander gesetzt haben, Pflegeversicherung, BSHG, Rentenrecht, Mietrecht usw. In anderen Bereichen auch Ausländergesetz, Asylbewerbergesetz usw. Er sollte sich auch mit den technischen Gegebenheiten befassen – also Bauarchitektur, Umbaumöglichkeiten im Sanitärbereich, Hilfsmitteleinsatz. Da sind wir in einer permanenten Fortbildung. (Verbandliche Beratung für alte Menschen/Wohnraumanpassung)

Viele fachlichen Kompetenzen, die man vielleicht im Studium (Schmunzeln) *gar nicht so mitbekommen hat, auch wenn man Recht und all diese Dinge gelernt hat, muss man sich neu aneignen. Man muss sich ganz neu einarbeiten z.B. in die Pflegeversicherung, ins Krankenversicherungsrecht. Zugleich muss man sich auch in eine neue Materie einarbeiten, die eigentlich sozialarbeiterfremd ist: Man muss sich eine gewisse medizinische Kompetenz aneignen, so dass man sich mit Krankheitsbildern und auch teilweise mit Medikamenten auskennt. Natürlich auch mit den Diagnosen, den Krankheitsbildern hier im stationären psychiatrischen Bereich und den Folgen, die diese Erkrankungen für den Betreffenden haben (...).* (Krankenhaussozialdienst/Psychiatrie)

Ein Mitarbeiter in der Gerontologie muss zunächst einmal ein solides sozialarbeiterisches Basiswissen haben. Darunter verstehe ich, dass er sich auskennt in den notwendigen gesetzlichen Grundlagen, dass er sich in Verfahrensfragen auskennt, dass er in der Lage ist, Problemanalysen zu erstellen, und dass er fähig ist, spezifische Methoden anzuwenden. Für die Arbeit hier kommt hinzu, dass er über medizinisches Wissen verfügen muss, d.h. also, dass er weiß, was unter spezifischen Krankheitsbildern zu verstehen ist, und welche Konsequenzen daraus erfolgen. Ich muss hier z.B. Altersmodelle und Alterstheorien kennen, ich muss um Auswirkungen und Bedeutung von Selbst-/Fremdwahrnehmung in der Arbeit mit altersverwirrten Menschen wissen, ich muss die Bedeutung biographischer Arbeitsansätze kennen (...). (Krankenhaussozialdienst/Gerontopsychiatrie)

Wir leben ja nicht in einem rechtsfreien Raum. Alles was wir tun, basiert auf bestimmten Vorgaben oder gesetzlichen Grundlagen des KJHG und des SGB. Insofern ist es natürlich ganz wichtig, sich mit dieser Rechtsmaterie auszukennen und auch die Vorgaben und die Durchführungsverordnungen der Aufsichtsbehörden einzuhalten (...). In der Familienarbeit braucht man ein gutes Handwerkszeug, und zwar in

Form solider rechtlicher Kenntnisse, sowohl im KJHG als auch im BSHG, sowie auch Kenntnisse von Verwaltungsstrukturen des ASD und Jugendamtes, um rechtliche Dinge für Familien klären und durchsetzen zu können. (Sozialpädagogische Familienhilfe)

9.3.3 Verwaltungs- und Organisationskompetenz

Über das handlungsfeldbezogene Fachwissen hinaus ist den Praktikern eine administrative Kompetenz bedeutsam. Organisationsstrukturen durchschauen können, hierarchisch gestaffelte Entscheidungsebenen reflektieren und ein handhabbares verwaltungstechnisches Know-how einsetzen können, z.B. Schriftsätze und Anträge verfassen, Antragswege berücksichtigen, Verwendungsnachweise verwaltungsgemäß formulieren können – dies sind Grundfertigkeiten des administrativen Handelns, die Rahmenbedingungen einer erfolgreichen pädagogischen Arbeit sind.

Am Anfang bin ich manchmal auf Grenzen gestoßen, weil ich nicht den richtigen Umgangston (mit den MitarbeiterInnen des Sozialamtes; d.Verf.) *gefunden habe. Es ist vielfach von der Willkür der anderen Stellen abhängig, in welchem Umfang und in welcher Qualität unsere Klientinnen Dienstleistungen erfahren. Und wenn ich dann anrufe und sage, „Sie müssen diesen Antrag noch heute bis 12.30 Uhr bearbeiten", dann werden die mir sagen, „Ich muss überhaupt nichts, ich habe jetzt noch zu tun", und dann können Sie gucken, dass die Klientin morgen kommt. Wenn ich aber anrufe und in freundlichem Ton sage, „Ich habe hier eine Bewohnerin, die müsste noch kommen, und was muss ich tun, damit der Antrag angenommen wird usw." Manchmal muss man wirklich ein bisschen „Smalltalk" machen. Das gefällt mir nicht, aber es geht einfach nicht anders.* (Betreutes Wohnen für wohnungslose Frauen)

Der soziale Arbeiter muss ein wirtschaftliches Verständnis haben, er muss sich in Strukturen eindenken können, er muss Organisationen und Organisationseinheiten durchschauen und Hierarchien reflektieren können. (Betriebssozialarbeit)

Dieses verwaltungstechnische Know-how – das muss ein jeder Sozialarbeiter drauf haben. Man muss schon wissen, wer wo was zu sagen hat, wo ich einen Antrag stellen kann, wie ich einen Verwendungsnachweis zu schreiben habe, wie ich Kontakt mit der Schuldnerberatung aufnehme usw. (Angebote für Sinti/Roma)

Das wichtigste ist sicherlich die direkte pädagogische Arbeit mit dem Klienten, aber man muss es auch schaffen, seine Arbeit zu verschriftlichen. Das Berichtswesen ist hier bei uns ein ganz wichtiges Element. Da kann man eine ganz tolle Arbeit leisten, die würde aber nicht so wahrgenommen werden, wenn man das nicht auch in einem tollen Bericht verfassen kann. Diese Fähigkeit ist in unserem Feld unerlässlich. (Ambulante erzieherische Dienste)

9.3.4 Gestaltung und Strukturierung des eigenen Arbeitsplatzes

Der sozialarbeiterische Alltag ist (insbesondere in den Bereichen der Beratung und der ambulanten pädagogischen Arbeit) durch ein hohes Maß an Gestaltungsfreiheit für den einzelnen Mitarbeiter gekennzeichnet. Diese Gestaltungsfreiheit (z.B. im Hinblick auf Arbeitsplanung, fallbezogenes Zeit- und Arbeitsinvestment, Wahl der geeigneten Methoden und Arbeitsschritte usw.) ist zum einen ein Garant von Arbeitszufriedenheit. Die offene Gestaltung des Arbeitsplatzes macht es für den einzelnen Mitarbeiter im sozialen Feld zum anderen aber auch unabdingbar, eine spezifische organisatorische Kompetenz in der Strukturierung des eigenen Arbeitsalltages zu entwickeln und eine funktionierende Arbeitsroutine (Selbstmanagement) zu erarbeiten.

> *Man muss eine gewisse Fähigkeit haben, die Fallbearbeitung über eine lange Zeit hinweg zu planen, man muss sich Teilziele setzen und einen langen Prozess in Einzelschritte unterteilen können. Und dann muss man jeden Teilschritt im Grunde genommen als ein Miniprojekt verkaufen, umsetzen, evaluieren.* (Service-Büro Selbsthilfe im Altenbereich)

> *Jeder Sozialarbeiter muss organisatorische Fähigkeiten haben. Es klingt vielleicht wie eine Selbstverständlichkeit, aber ich kenne Kollegen, die kein eigenes Zeitmanagement haben. Man muss seinen eigenen Arbeitsalltag strukturieren, seine Arbeit einteilen und Termine einhalten können.* (Schuldnerberatung/Wohnungsnotfallhilfe)

> *Man sollte das Wichtige vom Unwichtigen unterschieden können. Ich muss Nein sagen können. Ich muss mir hier im Vollzug mein Berufsfeld selber ordnen, weil alles, was das Etikett „sozial" trägt, landet als Arbeit beim Sozialarbeiter. Und wenn ich nicht selber sortiere und sage, dafür habe ich nicht die Qualifikation erworben, dann werde ich mit sachfremder Arbeit zugeschüttet. (...) Ich muss deutlich machen: „Das ist meine eigentliche Arbeit, das ist mein Ding, dafür habe ich gelernt." (...) Ich brauche die Kompetenz, mich abzugrenzen und zu sagen, das ist nicht mein Ding, nicht in einer überheblichen Art, sondern vielleicht im Teamgespräch.* (Justizvollzugsanstalt)

> *(...) Organisationstalent mitbringen, das Logistische auf die Reihe bekommen. Verschiedene Termine und Themen auch untereinander unter einen Hut zu bekommen (...).* (Mobile Freizeitangebote für Kinder)

9.3.5 Konzeptionelle Kompetenz

Nur in wenigen Interviews finden konzeptionelle Kompetenzen eine gesonderte Erwähnung. Vor allem jene Interviewpartner, die bereits einige Stufen der Karriereleiter nach oben gestiegen sind (Abteilungs- und Einrichtungsleiter) verweisen auf die Notwendigkeit eines konzeptionell-entwerfenden Denkens, das sich in der planenden Umsetzung von pädagogischer Phantasie, im Entwurf von Modellprojekten und -programmen, in einer moderierenden Fertigkeit in der Planungsbeteiligung der KollegInnen realisiert.

> *Vielleicht kann ich das, was ich mit konzeptioneller Fähigkeit meine, an einem aktuellen Beispiel festmachen. Es gibt hier im Bezirk ein Modell „Integration von behinderten Kindern in der Grundschule". Da wird die Grundschule in Sachen Integration abgedeckt. Das ist eine gute Idee, finde ich. Aber was ist nach der Grundschule in der Sekundarstufe 1? Das ist nicht weiter gedacht worden. Das endet dann irgendwo. Die behinderten Kinder, die dann aus einer Schule kommen, die sie im Prinzip gut verpackt hat, haben keine weitere schulische Zukunft. Das erkenne ich, das kritisiere ich, aber ich merke, dass ich an Grenzen stoße und denke, ein guter Sozialarbeiter, der muss so etwas frühzeitig erkennen, muss sich auch durchsetzen können. Er muss die fachliche Kompetenz und auch die Autorität haben, auf falsche Entwicklungen und konzeptionelle Sackgassen aufmerksam zu machen und neue Kurssetzungen vorzunehmen.* (Bezirkssozialdienst)

> *Mitarbeiterführung – das Moderieren von Teamgesprächen, in denen in Form von Konzeptionsgesprächen die Eckwerte unserer pädagogischen Arbeit erarbeitet werden.* (Kommunale Kindertageseinrichtung)

9.3.6 Methodenkompetenz

Eine letzte Dimension von instrumenteller Kompetenz ist die Methodenkompetenz. Ebenso unverzichtbar wie ein solides Fundament von Rechtskenntnissen ist allen Befragten ein kompetenter Umgang mit dem Handwerkskasten der Methoden der Sozialen Arbeit. Zwar unterscheiden sich je nach dem institutionellen Zuschnitt des jeweiligen Handlungsfeldes die Methoden, die ganz oben auf der subjektiven Rangliste rangieren. Und doch: Gemeinsam ist allen Befragten der Hinweis auf die Bedeutung, die einer umfassenden und vielgestaltigen methodischen Qualifikation zukommt. Sie wissen sich einig in der Wertschätzung einer multimethodischen Professionalität, die fall- und situationsbezogen unterschiedliches methodisches Handwerkszeug zum Einsatz zu bringen vermag (kompetenter Umgang mit der Methodenvielfalt in der Sozialen Arbeit, Flexibilität im Einsatz variabler Methoden, Individualisierung der Hilfen). Dass diese methodische Kompetenz an die Bereitschaft eines jeden zu einem stetigen Weiter-Lernen gebunden ist (subjektives Engagement im Bereich der Fort- und Weiterbildung), das unterstreichen einige Gesprächspartner in ihren Statements in besonderem Maße.

Zunächst einmal braucht ein Sozialarbeiter eine solide Ausbildung im Bereich der Methoden der Sozialen Arbeit: Wissen über Gruppenprozesse, Konfliktmanagement. Er muss auch Erfahrung in der Bildungsarbeit haben. Die Fort- und Weiterbildung ehrenamtlicher Mitarbeiter ist ein ganz wesentliches Element unserer alltäglichen Arbeit (...). Fachlichkeit dokumentiert sich dort, wo wir Menschen in ihrem bürgerschaftlichen Engagement begleiten. Dies bedeutet insbesondere, ein Gespür dafür zu haben, wo die Ehrenämtler sich überfordern und sich zuviel zumuten, aber auch, wo sie unterfordert sind und die ehrenamtliche Arbeit zu klein ansetzen. (Service-Büro Selbsthilfe im Altenbereich)

(...) eine Methodenoffenheit, gerade in der offenen beratenden Arbeit mit Jugendlichen, dass jemand ein vielfältiges fachliches Handwerkszeug hat, dass da ein breites Repertoire vorhanden ist. (...) Unabdingbar ist es dafür, möglichst immer auf dem neuesten Stand der sozialwissenschaftlichen Kenntnisse zu sein, auch was Therapiemethoden anbetrifft. Fachzeitschriften lesen, Fachtagungen besuchen, über neue Entwicklungen, neue Trends in der Jugendberatung und in der Jugendkultur auf dem Laufenden sein. Das ist schon wichtig. Und auch Kenntnis über die gesellschaftlichen Entwicklungen haben, so dass wir bestimmte Zeiterscheinungen auch frühzeitig entdecken können. (Verbandliche Jugendberatung)

Mit Blick auf die eigene methodische Qualifikation sollte man möglichst viel mitmachen, mehr lernen, möglichst alles wissen, nicht nur Einzelfallhilfe und Gruppenarbeit, sondern auch Gemeinwesenarbeit, Mediation, Coolness-Trainings usw. Dies alles sollte man mitnehmen, auch um sich selber ein bisschen mehr Freiheiten zu nehmen, auch um für sich selbst zu sorgen. Ich merke, dass es hier Sinn macht, dass ich diese Methodenvielfalt einbringen kann. Das macht mich auch selbstbewusster. Die anderen Kollegen nehmen das wahr, und wir lernen durch Learning by Doing voneinander. (Bezirkssozialdienst)

Beratungskompetenz, also alles, was mit Gesprächsführung zu tun hat. Eine interkulturelle Kompetenz, die es mir möglich macht, ohne Vorbehalte und Vorurteil mit Menschen unterschiedlicher Kulturen arbeiten zu können (...). (Schulsozialarbeit)

9.4 (Selbst-)reflexive Kompetenzen

(Selbst-)reflexive Kompetenz meint nach Geißler/Hege (1999, S. 229ff) „die Fähigkeit des Sozialpädagogen, die eigene Entwicklung in ihren prägenden Spuren nicht zu verlieren oder zu verleugnen, sondern sie in das berufliche Handeln zu integrieren". In anderen Worten: (Selbst-)reflexive Kompetenz bezeichnet die kognitive Fähigkeit des beruflichen Helfers, Verknüpfungslinien zwischen der eigenen biographischen Entwicklung und der beruflichen Beziehungsarbeit herzustellen, die eigenen Identitätsentwürfe in der Ausgestaltung der beruflichen Rolle zu spiegeln („der subjektive Faktor") und zugleich Grenzen zu setzen, die es möglich machen, Übertragungen, Verstrickungen und emotionale Kollusionen zu kontrollieren. Dieser reflexive Brückenschlag zur subjektiven Biographie wird in unseren Interviews in zwei Aspekten Thema: zum einen in der Reflexion von biographisch geprägten „persönlichen Themen" (personale Stärken und Schwächen, Vorlieben und Abneigungen, persönliche Konflikte und biographisch eingefärbte Übertragungsmuster, Ansprüche an die eigene berufliche Tätigkeit und klientenbezogene Zielerwartungen usw.) und zum anderen in der Reflexion der eigenen werthaften Überzeugungen und berufsethischen Grundwerte (das subjektive Menschenbild, moralische Grundüberzeugungen, die Akzeptanz des „anderen Lebens" des Klienten usw.).

> *Es geht hier um meine Einstellung gegenüber der Klientin, um mein Menschenbild. In der Arbeit mit schwer belasteten wohnungslosen Frauen bedarf ich eines sehr differenzierten Menschenbildes. Im Mittelpunkt steht für mich die Einstellung, anzuerkennen, dass jede Frau, die zu uns kommt, ein Recht hat, hier zu sein und nicht einfach nur ein armes Häschen ist, hilfesuchend und defizitär. Diese Grundhaltung war in der Sozialarbeit über viele lange Jahre hinweg vorherrschend: „Ich großer Sozialarbeiter und du dummes kleines Hascherl* (Lachen), *ich weiß genau, was für dich richtig ist." Die Frau, die hier hinkommt mit ihren ganzen Stärken – denn die hat sie ja, sonst hätte sie auf der Straße nicht überlebt – diese Frau auch mit ihren Schwächen zu sehen und mit beiden Anteilen pädagogisch zu arbeiten (...).* (Betreutes Wohnen für wohnungslose Frauen)

> *Wir brauchen hier Mitarbeiter, die gut unterscheiden können zwischen Arbeitsfeld und Berufsfeld, die also unterscheiden können zwischen persönlichen Konflikten und Konflikten, die aus der Arbeit resultieren. Und das müssen sicher auch Menschen sein, die ihre persönlichen Themen dann aus den Hilfeprozessen heraushalten können.* (Service-Büro Selbsthilfe im Altenbereich)

Eine der schwersten Lektionen im Bereich der Drogenhilfe ist es sicherlich, mit nur kleinen Erfolgen leben zu müssen. Als Berufsanfänger ist man ja noch sehr überzeugt von den positiven Auswirkungen der eigenen Tätigkeit, und das kann man sich in der Drogenberatung absolut abschminken. Wenn ich also von harm reduction *rede, wenn man dann sagt, okay der ist nicht gestorben, dann ist das kein Scherz, sondern das ist unser Berufsalltag. Oder wenn man bedenkt: Wir vermitteln jedes Jahr ca. 150 Leute in Therapie und davon werden vielleicht fünfzehn clean. Wenn man daran seinen Erfolg messen würde, dann würde man hier nicht lange arbeiten können (...). Es geht uns wirklich darum, jemanden auch in seinem Süchtigsein ernst zu nehmen, und nicht zu denken, jetzt biete ich dem eine tolle Therapie an, und dann wird der abstinent. Das ist nicht so.* (Drogenberatung)

Wir formulieren vielfach überzogene Zielsetzungen, die wir dann nicht einlösen können, und das baut Spannungen auf, negative Erfolge, also Misserfolge (Lachen), *die dann eher dem Team zugeordnet werden, nicht so den übergeordneten Strukturen, die meines Erachtens da eigentlich eher für verantwortlich sind. (...) Für mich ist außerdem bedeutsam, zu differenzieren, was ist jetzt eine private Herangehensweise, Zielsetzung, was sind meine persönlichen Ambitionen und was sind berufliche Ambitionen und Zielsetzungen, die mir von Seiten des Arbeitgebers vorgegeben werden. Man muss klar differenzieren können zwischen den verschiedenen Zielvorgaben.* (Mobile Freizeitangebote für Kinder)

Für die Arbeit in der Gerontopsychiatrie braucht man eine hohe Selbstmotivation und ein akzeptierendes Menschenbild. Ich habe mit einer Klientel zu tun, wo ich einfach sehr viel akzeptieren muss. Körperliche Behinderungen, körperlicher und geistiger Verfall, der sich aus Krankheiten heraus ergibt, Tod und Sterben – all diese Dinge muss man hier einfach akzeptieren, und das setzt eben eine entsprechende Belastbarkeit voraus. (...) Ich erlebe im Umgang in der Altenarbeit häufig so etwas wie einen therapeutischen Nihilismus. In diesem Sinne: „Da kann man eh nichts mehr machen. Gott, mit der Klientel zu arbeiten, muss ja eine Strafe sein." Ich bin dann immer wieder gezwungen, mich selbst zu motivieren. (Krankenhaussozialdienst/Gerontopsychiatrie)

9.5 Soziale Kompetenzen

Die *soziale Kompetenz* (auch: Beziehungskompetenz, kommunikative Kompetenz) ist die dritte Säule des Kompetenzprofils der helfenden Profession. Ein letztes Zitat aus dem Text von Geißler/Hege (1999, S. 232.). Soziale Kompetenz – so schreiben die beiden Autoren – meint „die Fähigkeit, sich auf die Klienten mit ihren Bedürfnissen und Anforderungen einzustellen bzw. einzulassen, über die Situation und deren Bedingungen selbst nachdenken zu können und sich nicht in ihr zu verfangen". Soziale Kompetenz umfasst also die Fähigkeit, berufliche Beziehungen aktiv herstellen zu können, sie auf ein Fundament von wechselseitigem Vertrauen und Reziprozität zu stellen und zugleich eine kritisch-reflektierende Distanz zu den Lebensentwürfen und Alltagsinterpretationen der Klienten zu wahren. Soziale Kompetenz umfasst aber über diese Begriffsbestimmung hinaus weitere inhaltliche Bestimmungen: Sie meint die Fähigkeit des beruflichen Helfers, balancierte und konstruktive Arbeitsbeziehungen zu Kooperationspartnern innerhalb und außerhalb der eigenen Institution herstellen und pflegen zu können (vgl. weiterführend Stangl 2001). Die Kategorie der sozialen Kompetenz wird in unseren Interviews sehr intensiv thematisiert – dieser Kompetenz-Baustein ist für alle Befragten Ankerpunkt der professionellen Identität. In der Fülle des Materials können wir drei kategoriale Ausprägungen von sozialer Kompetenz unterscheiden: (1) Soziale Kompetenz im Kontakt mit KlientInnen, (2) Soziale Kompetenz im Kontakt mit MitarbeiterInnen der eigenen Institution (kommunikative Kompetenz nach innen) und (3) Soziale Kompetenz im Netz der kooperierenden Dienste und Einrichtungen (kommunikative Kompetenz nach außen).

9.5.1 Soziale Kompetenz im Kontakt mit Klienten

Aktiv auf die KlientInnen zuzugehen und Vertrauen stiften zu können, Interesse an Anderen zu bekunden, Empathie und ein Sich-Einlassen-Können auf die Erfahrungs-, Empfindungs- und Sprachwelt der Adressaten sozialer Dienstleistung – dies sind für die Befragten die Grundqualifikationen der Beziehungskompetenz auf der Ebene des Kontaktes mit Klienten.

> *Man muss in der Lage sein, eine vertrauensvolle Beziehung zum Klienten herzustellen. Dazu ist es wichtig, empathisch zu sein, es ist darüber hinaus auch wichtig, selbstkritisch zu sein und man muss zudem in der Lage sein, Ressourcen zu erkennen und Lösungsstrategien zu entwickeln, die der Klient in seiner verstrickten Situation in der Regel nicht mehr entwickeln kann.* (Schuldnerberatung/Wohnungsnotfallhilfe)

> *Man muss ganz lange gut zuhören können – was mir nicht immer gelingt, das muss ich ehrlich sagen. Man muss gucken, dass man die gleiche Sprache spricht – gemeinsame Worte zu finden, für das,*

was man meint. Das hat auch etwas mit Vertrauen zu tun. Mich persönlich interessiert Sprache sehr, und ich hake in solchen Gesprächen mit Jugendlichen manchmal auch einzelne Wort auf und sage: „Was bedeutet das denn überhaupt?" Auch wenn dies mit dem Thema nur am Rande etwas zu tun hat, ich will dadurch zeigen, dass es wichtig ist, dass man einen gemeinsamen Level hat, um sich gemeinsam über Ziele und Schwierigkeiten auch wirklich zu unterhalten. (Jugendberufshilfe)

Es gibt natürlich viele Tugenden, die hier benannt sein müssen, z.B. dieses Sich-hinein-versetzen-Können in andere Personen. Empathie, also spüren, was ist los bei diesen Jungen, wenn sie sich manchmal scheinbar paradox verhalten. Es irritiert Praktikanten und neue Kollegen, dass Jungen, die hier ins Haus kommen und eigentlich von uns Hilfe bekommen wollen, uns gegenüber aggressiv sind. Und einfach zu begreifen: ja, es sind nicht nur rational gesteuerte Prozesse, sondern es hat seinen Grund. Die Jungen bringen ihre Probleme von zu Hause mit in unser Haus. Das, was sie mit ihrem Vater, ihrer Mutter an Konflikten hatten, das übertragen sie auf uns; und dann geht das gleiche noch einmal ab. Eine wichtige Kompetenz ist es, dafür ein Gespür zu haben und nicht sofort überzureagieren oder die Flinte ins Korn zu werfen, sondern etwas differenzierter hinzuschauen (...). (Stationäre Einrichtung der Jugendhilfe/Inobhutnahme)

Die Argumentationslinien einiger Gesprächspartner kreuzen sich in einem weiteren zentralen Thema: *die schwierige Nähe-Distanz-Balance.* Nähe und empathisches Eingehen auf die Adressaten, das Herstellen eines offenen und vertrauten Beziehungssettings ist – so diese Aussagen – die unabdingbare Voraussetzung einer erfolgreichen Beziehungsarbeit. Die Nähe, die sich durch das „Eintauchen" in die Lebenswelt der Klienten herstellt, bedarf aber eines Gegengewichts von Distanz und Grenzziehung. In verschiedenen Interviews machen unsere Gesprächspartner auf die Gefahr der Kollusion aufmerksam, die es notwendig macht, dass berufliche Helfer Grenzen ziehen und die nicht identischen Zonen von Zuständigkeit und Verantwortlichkeit auf beiden Seiten klar markieren. Diese Abgrenzungskompetenz – so das Meinungsbild der Befragten – ist für die beruflichen Helfer eine Schutzmauer gegen ein emotionales Über-Engagement, das nur allzu anfällig ist für Enttäuschungen und damit den Grundstein für Burning-out-Prozesse sein kann.

Ein jeder Sozialarbeiter muss zunächst einmal die Bereitschaft mitbringen, Beziehungen einzugehen, Kommunikation gestalten zu wollen. Er muss die Bereitschaft mitbringen, Verantwortung zu über-

nehmen, aber sich auch abgrenzen können. (Kommunaler sozialpsychiatrischer Dienst)

Was er oder sie auf jeden Fall mitbringen sollte? Man muss hier in der Lage sein, sich abzugrenzen gegenüber der Klientel. Grenzsetzung also – dass man sehr klar definiert, in welchem Grad Nähe stattfindet; dass man ertragen kann, Leute zu sanktionieren und ihnen Freiheitsgrade wegzunehmen. Z.B. zu sagen: „Okay, du hast das und das nicht gemacht und jetzt darfst du eine Woche nicht vor die Tür – oder zwei Wochen". Das musst du aushalten können. Oder jemanden hier vor die Tür zu setzen, wenn er rückfällig wird, und das auch dann, wenn derjenige eigentlich überhaupt keine Lebensperspektive hat. Und gleichzeitig muss man sich die Fähigkeit bewahren, sich auf eine Beziehung zu Klienten einzulassen. Also eigentlich beides: eine klare Grenze ziehen und trotz aller Belastungen eine grundlegende Beziehungsfähigkeit wahren. (Stationäre Einrichtung der Drogenhilfe)

Hier ist es schon wichtig, dass ich kontaktfähig bin, dass ich gut auf Menschen zugehen kann, dass ich ein gutes Einfühlungsvermögen habe, und dass ich andererseits aber auch in der Lage bin, mich abzugrenzen gegenüber den Klienten, gegenüber den Familien, und mich nicht zu sehr hineinbegebe in dieses System, das ja schon krank ist. Ich muss sorgsam sein, dass ich nicht Teil dieses krankmachenden Systems werde. Dies sind wichtige Voraussetzungen für meine Arbeit mit Problemfamilien. (Sozialpädagogische Familienhilfe)

9.5.2 Kommunikative Kompetenz nach innen

Dort, wo soziale Kompetenz im Hinblick auf die Kontakte zu MitarbeiterInnen „im eigenen Haus" thematisiert wird, wiederholen sich Argumente, die wir bereits an anderer Stelle ausgeführt haben. Blicken wir zunächst auf die sozialen Kompetenzen, die sich auf die Ebene der KollegInnen der gleichen Statusstufe beziehen, so werden genannt: die Fähigkeit, eine interne Öffentlichkeit herzustellen und eine wechselseitige Transparenz der (fallbezogenen) Arbeit zu gewährleisten, eine fallbezogene kollegiale Beratung und Unterstützung, das Bemühen, sich auf einen Grundbestand von konzeptionellen Eckwerten, Methoden und gemeinsamen Arbeitsverfahren zu verständigen und zugleich Differenz und individuelle Färbungen zu akzeptieren.

Transparenz – jede Kollegin, jeder Kollege muss dem Team im Hinblick auf die eigene Kleingruppe immer wieder transparent machen: Wo stehe ich im Kontakt mit den Klienten, mit wem habe ich gerade Schwierigkeiten, wo finde ich keinen Draht, so dass andere das kompensieren können, so dass also andere Kolleginnen oder Kollegen in die-

ses Gruppengeschehen hineingehen können. (Stationäre Einrichtung der Drogenhilfe)

Mein Thema zur Zeit ist die interne Öffentlichkeitsarbeit, da sitze ich jetzt im Moment am System Information. Manchmal merkt man an allen Ecken und Kanten, wie schlecht die eigenen Mitarbeiter informiert sind über bestimmte Entwicklungen im Verband. Öffentlichkeitsarbeit ist daher nicht immer nur nach außen gerichtet, mindestens genauso bedeutsam ist ein offener Fluss von Informationen nach innen. (Verbandliche Beratung für Migranten)

(...) man muss gucken, dass man Verbündete hat – zunächst einmal unter den Kollegen, unter den Vorgesetzten (...). Diese Kooperationsbündnisse muss man sich aber erst erarbeiten. (Allgemeiner Sozialdienst)

Von den Gesprächspartnern in Leitungsfunktionen wird die Kategorie „Soziale Kompetenz" um das Stichwort der „Mitarbeiterführung" ergänzt. Aus der Sicht der Vorgesetzten sind insbesondere folgende Aspekte für eine befriedigende kollegiale Beziehungsqualität bedeutsam: ein wechselseitig offener Fluss von Informationen („eine demokratisch verfasste innere Informationspolitik"), die Akzeptanz der unterschiedlichen Hierarchie-Ebenen und der an diese gebundenen Planungs- und Entscheidungszuständigkeiten, die Delegation von Verantwortung nach unten und eine kompetente Moderation von Konflikten und Interessengegensätzen im Kreis der KollegInnnen.

Bedeutsam sind für mich Dinge, die sicherlich unter den großen Begriff der Mitarbeiterführung zu fassen sind. Dies nimmt einen größeren Raum innerhalb meiner Arbeit ein, als ich das vorher gedacht habe. Ich dachte, der größte Teil ist die auf die Klienten bezogene Arbeit, aber oft ist die Klientel auch das Team. Also auch in Richtung Mitarbeiterführung einiges zu wissen, das halte ich für absolut notwendig. (Mobile Freizeitangebote für Kinder)

Wenn ich jetzt dieses Haus sehe als freigestellte Leitung ohne eigene Kindergruppe, dann würde ich sagen, dass die Beratung und die Führung von Mitarbeitern einen sehr hohen Arbeitsumfang einnimmt. Beratungsbedarf ergibt sich hier durch all diese neuen Konzepte, die ja eher etwas mit Betriebswirtschaft zu tun haben. Qualitätsmanagement ist bei uns ganz groß im Kommen. Dann auch alles, was in Richtung Budgetierung läuft, das Delegieren von Verantwortung, das Straffen von Arbeitswegen (...). Schwierig war und ist für mich das Thema hierarchisches Denken. Selbst wenn man dieses Denken nicht teilt, man ist für die MitarbeiterInnen Hierarchieträger, man muss sich dessen bewusst sein, und es werden auch bestimmte Erwartungen an einen gerichtet. Damit muss man leben können. Man ist an manchen Stellen sehr einsam als Leitungsträger. Das muss man aushalten können, bzw. man muss seinen Mitarbeitern begreiflich machen, dass bestimmte Gräben, die es vermeintlich zu geben scheint, dass es die gar nicht gibt. Das ist das, was man hier oben so braucht. So eine Portion Mut. (Kommunale Kindertageseinrichtung)

9.5.3 Kommunikative Kompetenz nach außen

Soziale Kompetenz dokumentiert sich schließlich auch im Kontakt mit anderen Diensten und Einrichtungen im kommunalen Netz. In einer kommunalen Dienstleistungslandschaft, die nach wie vor durch ein hohes Maß an institutioneller Unübersichtlichkeit, fachlicher Segmentierung und arbeitsteiliger Zuständigkeit gekennzeichnet ist, ist die institutionsübergreifende Netzwerk-Kompetenz für die befragten Praktiker ein unverzichtbares Handwerkszeug des sozialarbeiterischen Alltags. In den Aussagen, die diese Netzwerk-Kompetenz zum Thema haben, werden zwei Aspekte deutlich:

(1) Vermittlungskompetenz und Case Management:

Vermittlungskompetenz – so der erste Aspekt – dokumentiert sich überall dort, wo es dem einzelnen Mitarbeiter gelingt, dem Klienten im Dickicht der institutionellen Zuständigkeiten Wegweiser zu sein und ihm durch kompetente Weitervermittlung die Ressourcen anderer öffentlicher Dienstleistungsagenturen zu erschließen. Ohne, dass dieses Stichwort in unseren Interviews beim Namen genannt wird, verweisen die Befragten hier auf das methodische Konzept des Unterstützungsmanagements (Case Management), das – aus der angloamerikanischen Sozialarbeit zu uns importiert – in unseren Breitengraden vor allem in den Schriften von Wolf Rainer Wendt ausgearbeitet worden ist (vgl. ausführlich Wendt 1995; 1999). Unterstützungsmanagement ist nach dem Verständnis von Wendt ein ganzheitliches unterstützendes Arrangieren von Lebensressourcen. Auf der Grundlage einer gemeinsamen Verständigung zwischen Sozialarbeiter und Klient über Zielsetzungen und Schrittfolgen werden verfügbare (aber institutionell verstreute) Hilferessourcen in den öffentlichen Dienstleistungsagenturen zu einer „konzertierten Unterstützungsaktion" zusammengeführt. Auf diese Weise konstituiert sich ein grenzübergreifendes Ressourcen-Netzwerk, das dem Klienten in Lebenszeiten der Belastung spürbare Entlastung und Hilfestellung zu geben vermag. Hier stellvertretend zwei Stimmen, die auf die Bedeutung einer solchen vernetzenden und die verfügbaren Hilferessourcen arrangierenden Leistung verweisen.

Vernetzungskompetenz – ich muss mich dieses Vernetzungssystems auf der lokalen Ebene souverän bedienen können, um die Klientin angemessen zu vermitteln und ihr die notwendigen Hilfen anderer Dienste zu eröffnen. (Betreutes Wohnen für wohnungslose Frauen)

Unsere Definition eines Seniorenbüros ist die einer Gesamt-Serviceeinrichtung. D.h. ich muss mit allen anderen Hilfebereichen, z.B. Wohnungssuche, Wohnungsumbauten, behindertengerechtes Wohnen außerhalb von Seniorenanlagen, Wohnberechtigungsschein – ich muss mit allen diese Bereichen und Themen umgehen können und darf sie nicht als Randgebiete verstehen. Unser Selbstverständnis ist es, uns zu institutionalisieren als eine institutionenübergreifende und – vernetzende Serviceeinrichtung rund um das Wohnen im Alter. Und diesen Gesamtkomplex inhaltlich auszufüllen, das halte ich für ganz wichtig. (Verbandliche Beratung für alte Menschen /Wohnraumanpassung)

Voraussetzung für eine solche gelingende Vernetzung von Ressourcen ist nach der Einschätzung der Befragten eine offene einrichtungsübergreifende Informationspolitik über eigene Leistungsschwerpunkte, Projekte und mögliche Schnittstellen der Kooperation („Präsenz im kommunalen Raum zeigen, die eigenen Angebote für andere Institutionen offen halten" Jugendgerichtshilfe). Orte der Selbstpräsentation und des Anknüpfens von neuen Kontakten sind sowohl die überbehördlich zusammengesetzten kommunalen Arbeitskreise („die kompetente Vertretung der eigenen Institution in übergreifenden Arbeitskreisen, wie z.B. der Psychosozialen Arbeitsgemeinschaft" Beratung für Langzeitarbeitslose) als auch informelle „grenzübergreifende" Treffen von fachlich kooperierenden KollegInnen („Brötchen- und Frühstückspädagogik: die turnusmäßige Begegnung aller fachlich zusammenarbeitenden KollegInnen außerhalb des streng formalen vereinbarten Arbeitseinsatzes" stationäre Einrichtung der Jugendhilfe).

(2) Das parteiliche Eintreten für KlientInnen in der Auseinandersetzung mit anderen Diensten und Einrichtungen

Bemerkenswert häufig wird in unseren Interviews eine letzte soziale Kompetenz in der zwischenbehördlichen Kooperation benannt: die Bereitschaft und die Fähigkeit, in offener Parteinahme für die Anliegen und Interessen eines Klienten einzutreten und diese Anliegen und Interessen auch gegen die Widerstände der fremden sachbearbeitenden Instanz durchzusetzen. Die befragten SozialarbeiterInnen treten hier ein in die Rolle eines Sachwalters und anwaltschaftlichen Fürsprechers („advocacy"): In den Fällen, in denen administrative Reglements und Verfahrensvorschriften den Klienten überfordern oder aber die Ebene der persönlichen Beziehung zum sachbearbeitenden Mitarbeiter konfliktbelastet ist, übernimmt der Sozialarbeiter eine engagierte Anwaltrolle, in der er versucht, in stellvertretender Parteilichkeit berechtigte Klienteninteressen zu realisieren. Konkret wird ein solches stellvertretendes parteiliches Engagement in der Einflussnahme auf die Ermessensentscheidungen anderer Dienste (Ambulante erzieherische Hilfen, Jugendschutz-Einrichtung, Migrationshilfe, Allgemeiner Sozialdienst), in der Beschleunigung von Verfahren und in der Begleitung in Widerspruchsverfahren (Seniorenbüro) sowie im Bemühen um die Abwendung eines Klageverfahrens bei Sozialbetrug (Forensik). Aushandlungskompetenz, Beharrlichkeit, Durchsetzungsvermögen, eine kompetente Überzeugungsarbeit sowie die Kraft der eigenen Argumente – das ist es, was nach den Erfahrungen unserer Gesprächspartner ein parteiliches Engagement erfolgreich macht.

Wir müssen die Interessen von Jungen oft Institutionen gegenüber vertreten oder auch durchsetzen. Wir müssen z.B. dem Jugendamtskollegen oder der Kollegin klar machen: „Dieser Junge kann nicht zurück in die Familie. Wir sind der Meinung, er müsste in die stationäre Erziehungshilfe gehen." Jugendämter sind da ja stets geneigt, nicht zuletzt auch aus Kostengründen, eher restriktiv zu verfahren. Es ist dann notwendig, argumentativ auftreten zu können, Argumente zu haben, Fakten nennen zu können, sie in einen Zusammenhang stellen zu können, hartnäckig zu bleiben – alles Tugenden aus der Verhandlungstechnik (Lachen). *Letztlich ist es ein Aushandeln.* (Stationäre Einrichtung der Jugendhilfe/Inobhutnahme)

Man braucht Durchhaltekraft und Durchsetzungsvermögen in diesem Arbeitsfeld. Sicher muss man in vielen Feldern der Sozialen Arbeit Durchsetzungsvermögen haben, aber hier braucht man das besonders, weil Ausländerarbeit – insbesondere für Flüchtlinge und Asylbewerber – in Deutschland kaum eine Lobby hat. Es gibt sicherlich in den letzten Jahren, auch durch die erschreckenden Brandanschläge in den letzten Jahren, ein verändertes Bewusstsein, aber die latente Ausländerfeindlichkeit in Deutschland ist doch hoch, und das Schwierige ist eben dieses Latente, das bekommt man überall und immer wieder zu spüren. Deswegen muss man einen langen Atem haben, wenn man für diese Personengruppe arbeitet. Sogar innerverbandlich muss man sich immer wieder legitimieren in Besprechungen mit Kollegen. Also: Man braucht eine gehörige Portion Durchsetzungsvermögen – nach innen und nach außen. (Verbandliche Beratung für Migranten)

Wenn es um die materielle Situation unserer Familien geht – da muss man eine gewisse Kompetenz haben, nämlich Forderungen zu stellen und auch Härte zu zeigen, nicht locker zu lassen, aber bei allen Auseinandersetzungen mit anderen Stellen auch Überzeugungsarbeit zu leisten, gut argumentieren zu können. Dazu gehört natürlich, dass man nicht alleine den Kopf voller karitativer Ideen hat. Gerade dann, wenn die Zeiten rau werden, sollte man gleichzeitig auch kopfgesteuert wissen: Was gibt das Gesetz her? Was kann ich daraus machen? Wer das nicht weiß, kann es nicht nutzen, der wird von den Verwaltungsbeamten an der Nase herumgeführt. (Allgemeiner Sozialdienst)

Im Umgang mit anderen Diensten muss man Beharrlichkeit und Ausdauer entwickeln. Die Zusammenarbeit mit Pflegekassen und vor allen Dingen mit Medizinischen Diensten kann zu einem Martyrium werden. Da muss man im Interesse des Klienten alle Geheimnisse des Widerspruchsverfahrens beherrschen und auch Methoden zur Beschleunigung von Verfahren entwickeln. Wenn in der Vergangenheit z.B. zwischen einer Antragstellung und einer Begutachtung durch den Medizinischen Dienst teilweise sechs Monate gelegen haben, dann liegt natürlich der Verdacht nahe, dass ein Problem durch Tod erledigt werden soll, und das ist natürlich dann eine Sache, wo man eventuell durch Öffentlichkeitsarbeit angreifen muss, um bestimmte zögerliche Taktiken aufzuweichen. (Verbandliche Beratung für alte Menschen/Wohnraumanpassung)

10. Abschließende Anmerkungen

Schließen wir diese ausführliche Darstellung der Befunde unserer qualitativen Untersuchung mit einigen zusammenfassenden Kommentaren. In der bunten Fülle der Befunde scheinen uns insbesondere drei Erkenntnisse besonders wichtig:

1. Das Gros der Erfolgsbeschreibungen der befragten Praktiker bezieht sich auf positive Veränderungen in der Lebenslage und der Lebensführung der Klienten *(ergebnisorientierte Erfolgserfahrung)*. Die Soziale Arbeit – so die Grundmelodie der Aussagen – dokumentiert ihre Fachlichkeit überall dort, wo es ihr im Verlauf der begleitenden und unterstützenden Hilfe gelingt, konstruktive Veränderungen in der Lebensgestaltung ihrer Klienten herzustellen. Die materielle Verbesserung der Lebenslage (Existenzsicherung und Schuldenregulierung; Vermittlung von gesetzlich garantierten Sozialleistungen; Vermittlung von Arbeit und Wohnraum); die Verbesserung von sozialen Beziehungen und die Stabilisierung von alltagsweltlichen Beziehungsnetzwerken; die Normalisierung konflikthafter Verhaltensmuster und die Einübung von sozialverträglichen Beziehungsformen sowie die Veränderung von Lebensperspektiven und das Entdecken von neuen Lebenszielen – alles dies sind Veränderungen von Lebensentwürfen und Lebenssettings, die in der Wahrnehmung der befragten Praktiker auf dem Erfolgskonto ihres beruflichen Handelns verbucht werden können.
2. Einen deutlich geringeren Stellenwert nehmen in der subjektiven Wahrnehmung der Praktiker hingegen jene Erfolge ein, die auf den Verlauf der Zusammenarbeit von Sozialarbeiter und Klient bezogen sind *(verlaufsorientierte Erfolgserfahrung)*. Erfolg wird hier weniger in konkreten Lebensveränderungen, sondern eher in Kategorien von Beziehungsqualität vermessen: das gelingende (Neu-)Anknüpfen eines Kontaktes zu Klienten, die sich nach enttäuschenden Erfahrungen dauerhaft von der Sozialen Arbeit abgewandt hatten, die Herstellung einer tragfähigen Motivation zur aktiven Mitarbeit und zur Übernahme von Verantwortung, die Bereitschaft des Klienten, in einer klaren Abgrenzung von Fremd- und Eigenverantwortung die Vorgaben des Hilfeplans in konkretes Verhalten und konkrete Lebensarrangements

umzusetzen, ein Mehr an Verlässlichkeit des Klienten. Die Berufspraktiker, die einer solchen Definition von beruflichem Erfolg folgen, erleben ihre berufliche Praxis auch dort als erfolgreich, wo signifikante Verbesserungen der Lebenslagen ihrer Klienten nicht (oder nicht unmittelbar und geradlinig) hergestellt werden können und der Weg der Klienten durch Sackgassen, Stillstände und Rückschläge gekennzeichnet ist. Die Qualität des Beziehungskontraktes, der Sozialarbeiter und Klient verbindet, ist hier Messlatte des beruflichen Erfolges.

3. Eine letzte bedeutsame Kategorie von Erfolgserfahrungen bezieht sich schließlich auf die subjektiv erfahrene Qualität der kollegialen Kooperation *(teambezogene Erfolgserfahrung)*. Die Mitarbeiter im sozialen Feld, die sich hier zu Wort melden, schöpfen ihre berufliche Zufriedenheit nicht nur aus der direkten Arbeit mit Klienten, sondern auch aus der unterstützenden und entlastenden Kooperation im Team, die es ihnen möglich macht, so manche Enttäuschung und so manches Scheitern im direkten Klientenkontakt ohne Spuren eines Burning-out zu verarbeiten. Konkret verweisen die PraktikerInnnen hier auf folgende Aspekte einer förderlichen Teamintegration: kollegiale Beratung in der Bearbeitung schwieriger Fälle und die Entscheidungshilfe der Kollegen in fallbezogenen Situationen der Unsicherheit, eine multiperspektivische Fallreflexion, die Transparenz und die grundlegende Akzeptanz unterschiedlicher fachlicher Perspektiven, Methoden, Arbeitsweisen im Team, ein produktives Ergänzungsverhältnis der im Team zum Einsatz kommenden Arbeitsmethoden, die kontinuierliche gemeinsame Arbeit an einer Teamphilosophie, wechselseitige Offenheit, Akzeptanz und Respekt und die Bereitschaft zu nicht-disruptiven Formen der Konfliktaustragung. Hier nun schließt sich der Argumentationskreis: Die Entwicklung eines so beschriebenen offenen und kollegialen Arbeitsklimas ist sicher von vielfältigen Rahmenbedingungen abhängig („Trägerkultur", Führungsstil und einrichtungsinterne Strukturen der Informationsvergabe, der Programmplanung und der Entscheidungsfindung, personale Zusammensetzung des Teams und die „Chemie der Beziehungen"). Nicht zuletzt aber ist die Entwicklung einer solchen unterstützenden und sichernden Teamkultur das Produkt der sozialen Kompetenzen, die jede Mitarbeiterin und jeder Mitarbeiter am beruflichen Ort zu investieren bereit ist.

Literatur

Combe, A./Helsper, W. (Hg.) 1996: Pädagogische Professionalität. Untersuchungen zum Typus pädagogischen Handelns. Frankfurt/M.

Dewe, B./Ferchhoff, W./Scherr, A./Stüwe, G. 1993: Professionelles soziales Handeln. Soziale Arbeit im Spannungsfeld zwischen Theorie und Praxis. Weinheim/München

Ferchhoff, W./Kurtz, T. 1998: Professionalisierungstendenzen der Sozialen Arbeit in der Moderne. In: Neue Praxis 1/1998, S. 12-26

Geißler, K.A./Hege, M. 1999: Konzepte sozialpädagogischen Handelns. Ein Leitfaden für soziale Berufe. 9. Aufl., Weinheim (zuerst 1988)

Hanses, A. 2000: Biographische Diagnostik in der Sozialen Arbeit. In: Neue Praxis 2/2000, S. 357-379

Haupert, B. 1995: Vom Interventionismus zur Professionalität. Programmatische Überlegungen zur Gegenstandsbestimmung der Sozialen Arbeit als Wissenschaft, Profession und Praxis. In: Neue Praxis 1/1995, S. 32-55

Herriger, N. 2000: Grundformen des Erfolgs in der Sozialen Arbeit. Eine dimensionale Analyse. Unveröffentl. Ms. Düsseldorf

Herriger, N. 2002: Empowerment in der Sozialen Arbeit. Eine Einführung. 2. Aufl., Stuttgart

Herriger, N./Kähler, H.D. 2001a: Erfolgreiche Soziale Arbeit. Stimmen aus der Praxis. In: Soziale Arbeit 8/2001, S. 295-301

Herriger, N./Kähler, H.D. 2001b: Kompetenz-Profile in der Sozialen Arbeit. In: Archiv für Wissenschaft und Praxis der sozialen Arbeit. 3/2001, S. 3-28

Heyse, V./Erpenbeck, J. 1997: Der Sprung über die Kompetenzbarriere. Kommunikation, selbstorganisiertes Lernen und Kompetenzentwicklung. Bielefeld

Kähler, H.D. 1999a: Berufliche Selbstevaluation – Anregungen für sinnvolle Fragestellungen. In: Soziale Arbeit 2/1999, S. 93-99

Kähler, H.D. 1999b: Beziehungen im Hilfesystem Sozialer Arbeit. Zum Umgang mit BerufskollegInnen und Angehörigen anderer Berufe. Freiburg

Kähler, H.D. 1999c: Berufliche Beziehungen in der Sozialen Arbeit. Mit Anmerkungen zum Stellenwert ehrenamtlicher Helfer. In: Archiv für Wissenschaft und Praxis der sozialen Arbeit 3/1999, S. 151-168

Kähler, H.D. 2001: Erstgespräche in der sozialen Einzelhilfe. 4. Aufl., Freiburg

König, J. 2000: Einführung in die Selbstevaluation. Freiburg

Kurze, M. 1998: Das berufliche Selbstverständnis der Bewährungshilfe. Die Bestimmung des Erfolgs. In: Bewährungshilfe 2/1998, S. 167-176

Lau, T./Wolff, S. 1984: Wer bestimmt hier eigentlich, wer kompetent ist? – Eine soziologische Kritik an Modellen kompetenter Sozialarbeit. In: Müller, S. u.a. (Hg.): Handlungskompetenz in der Sozialarbeit/Sozialpädagogik. Bd. 1. Bielefeld, S. 261 ff

Max, C. 1999: Entwicklung von Kompetenz. Ein neues Paradigma für das Lernen in Schule und Arbeitswelt. Frankfurt/M. u.a.

Merten, R. 1997: Autonomie der sozialen Arbeit. Zur Funktionsbestimmung als Disziplin und Profession. Weinheim/München

Miller, T. 2000: Kompetenzen – Fähigkeiten – Ressourcen. Eine Begriffsbestimmung. In: Miller, T./Pankofer, S. (Hg.): Empowerment konkret. Handlungsentwürfe und Reflexionen aus der psychosozialen Praxis. Stuttgart, S. 23-32

Pasquai, N. 1998: Erfolg und Versagen. Gedanken zu Sisyphos in der Sozialarbeit. In: Sozialmagazin 9/1998, S. 14-21

Sagebiel, J.B. 1994: Persönlichkeit als pädagogische Kompetenz in der beruflichen Weiterbildung. Frankfurt/M. u.a.

Stangl, W. 2001: Der Begriff der sozialen Kompetenz in der psychologischen Literatur. Internetadresse: www.paedpsych.jk-uni-linz.ac.at (Datum des Zugriffs: 5.6. 2001)

Wendt, W.R. (Hg.) 1995: Unterstützung fallweise. Case Management in der Sozialarbeit. 2. Aufl., Freiburg

Wendt, W.R. 1999: Case Management im Sozial- und Gesundheitswesen. Eine Einführung. 2. Aufl., Freiburg

Anhang I:
Planung, Durchführung und Auswertung der Untersuchung

Die vorliegende Untersuchung wurde aus hochschuleigenen Forschungsmitteln der Fachhochschule Düsseldorf finanziell gefördert.

Die Daten der Untersuchung wurden im Spätsommer 1999 erhoben. Bei den Befragten handelt es sich um 30 erfahrene Sozialarbeiter oder Sozialpädagogen mit mindestens fünfjähriger beruflicher Praxis (durchschnittliche Tätigkeit in der Sozialen Arbeit: über 15 Jahre bei einer fehlenden Angabe) – nur drei der Untersuchungspersonen hatten weniger als 10 Jahre Berufserfahrung. 23 der Untersuchungspersonen haben schon an der Untersuchung von Kähler (1999b) teilgenommen – sie erhielten auch dieselben Identifikationsnummern. Da es sich bei der vorhergehenden Untersuchung um 32 Untersuchungspersonen gehandelt hat, kommen auch in der hier vorgelegten Studie Identifikationsnummern bis 32 vor, obwohl nur 30 Untersuchungspersonen beteiligt waren – dafür fehlen die laufenden Nummern 12 und 19. Die neu rekrutierten Untersuchungspersonen sind durch den Zusatz N gekennzeichnet. Die Institutionen, in denen die Untersuchungspersonen tätig sind, sind jeweils in Verbindung mit Zitaten angegeben. Eine Übersicht über die Identifikationsnummern, das Geschlecht, die institutionelle Zugehörigkeit sowie die Dauer der Gespräche gibt Tabelle 2.

Details über die Auswahl der Untersuchungspersonen und andere Aspekte ihrer Zusammensetzung sind bei Kähler (1999b) angegeben. Die Interviews wurden von einer der beiden vorher tätigen Interviewerinnen durchgeführt.

Nach der Erhebung wurden die Interviews transkribiert und die Antworten den jeweiligen Fragen zugeordnet. Danach erfolgte eine Auswahl der Zitate, die für die Fragestellung der Untersuchung von Bedeutung waren. Für die so ausgewählten Auszüge wurden Kategorien entwickelt und für die Darstellung im Text vorbereitet. Die ausgewählten Zitate wurden aus Gründen der besseren Lesbarkeit ohne Änderung der Inhalte von Verständnis hemmendem Ballast (Versprecher etc.) befreit und geglättet. Die Autoren teilten sich die Auswertung auf und überprüften die Arbeitsergebnisse des jeweils anderen. Auf diese Weise konnte ein Mindestmaß an intersubjektiver Übereinstimmung erreicht werden. Unterschiede in der Akzentsetzung sind jedoch nach wie vor in der Darstellung erkennbar. Die Autoren entschlossen sich deshalb auch, relativ viele wörtliche Zitate als Belege bereitzustellen, um eine unabhängige Überprüfung der Interpretation vornehmen zu können. Dies erschien auch deshalb notwendig und sinnvoll, weil zusammenfassende Einzeldarstellungen in Fachzeitschriften über die wichtigsten Ergebnisse auf diese ausführliche Zitierung verzichten müssen, dort jedoch auf die hier vorliegenden ausführlichere Dokumentation verwiesen werden kann.

Tabelle 2:
Identifikations-Nummern, Geschlecht und institutionelle Zugehörigkeit der Untersuchungspersonen

Kenn-Nr.	Art der Institution	Interview-dauer (Min.)	Ge-schlecht
01	Betreutes Wohnen für wohnungslose Frauen	60	w
02	Service-Büro Selbsthilfe im Altenbereich	50	w
03N	Schuldnerberatung/Wohnungsnotfallhilfe	55	m
04	Betriebssozialarbeit	75	m
05N	Angebote für Sinti/Roma	50	w
06	Verbandliche Jugendberatung	55	m
07	Stationäre Einrichtung der Wohnungslosenhilfe	45	m
08N	Stationäre Einrichtung der Drogenhilfe	60	
09N	Justizvollzugsanstalt	60	w
10	Bewährungshilfe	50	m
11	Drogenberatung	50	w
13	Bezirkssozialdienst	50	m
14	Jugendberufshilfe	70	m
15	Kinderpädagogischer Dienst	75	w
16	Verbandliche Beratung für alte Menschen/ Wohnraumanpassung	45	m
17	Ambulante Erzieherische Dienste	70	w
18	Kommunale Kindertageseinrichtung	65	w
20	Kommunaler sozialpsychiatrischer Dienst	55	m
21	Krankenhaussozialdienst/Psychiatrie	60	w
22	Beratung für Langzeitarbeitslose	50	w
23	Schulsozialarbeit	85	w
24	Mieterberatung/Wohnungsbauträger	45	m
25N	Stationäre Einrichtung der Jugendhilfe/Inobhutnahme	60	m
26	Krankenhaussozialdienst/Gerontopsychiatrie	50	m
27	Vverbandliche Beratung für Migranten	80	m
28	Allgemeiner Sozialdienst	80	m
29N	Jugendgerichtshilfe	65	m
30N	Sozialpädagogische Familienhilfe	60	w
31	Stationäre Einrichtung der Jugendhilfe	55	m
32	Forensische Psychiatrie	55	m

Anhang II:
Intervieweranweisungen

Projekt „Erfolg in der Sozialen Arbeit“

Was mit diesem Gespräch erreicht werden soll, habe ich ja schon bei der Absprache vorgestellt. Ich will trotzdem das Wesentliche noch einmal kurz zusammenfassen:

Wir möchten im folgenden Gespräch in Erfahrung bringen, was für Sie beruflicher Erfolg in Ihrer alltäglichen Arbeit bedeutet. Ich werde dazu das Tonband laufen lassen, um Ihre Ausführungen festzuhalten. Ich sichere Ihnen die Vertraulichkeit der Ergebnisse zu – die Auswertungen erfolgen so, dass eine Identifikation der jeweiligen Untersuchungsperson ausgeschlossen ist.

(Tonband einschalten.)

Ich möchte Sie als erstes bitten, einmal zu überlegen, was für Sie „beruflicher Erfolg“ ganz allgemein heißt – bitte schildern Sie mir mit *Ihren Worten Ihr Verständnis von beruflichem Erfolg in der Sozialen Arbeit.*

(Zeit lassen; nachfragen.)

Nachdem Sie jetzt beruflichen Erfolg eher allgemein bestimmt haben, möchte ich Sie jetzt bitten, mir *eine Situation zu schildern,* in der Sie selbst einen derartigen beruflichen Erfolg gehabt haben. Denken Sie doch mal an die letzte Zeit Ihrer beruflichen Tätigkeit – in welcher Situation hatten Sie das Gefühl: „Hier habe ich beruflich erfolgreich gearbeitet.“ Lassen Sie sich ruhig etwas Zeit zum Nachdenken und schildern Sie mir dann einen solchen *beruflichen Erfolg.*

(Zeit lassen, nachfragen bis Situation nachvollziehbar ist.)

Berufstätige in der Sozialen Arbeit erleben auch immer wieder, dass Sie keinen Erfolg mit ihren Bemühungen haben. Deshalb bitte ich Sie jetzt, *eine Situation zu schildern,* in der Sie einen beruflichen Misserfolg erlebt haben. Lassen Sie sich ruhig wieder etwas Zeit zum Nachdenken und schildern Sie mir dann ein Beispiel für einen *beruflichen Misserfolg.*

(Zeit lassen, nachfragen bis Situation nachvollziehbar ist.)

Im folgenden wollen wir etwas differenzierter in das Thema Erfolg einsteigen. Wir haben hierzu *drei Dimensionen von Erfolg* unterschieden:

Erfolg im Hinblick auf Klienten (A)

Erfolg im Hinblick auf die Mitglieder der eigenen Einrichtung (B)
Und Erfolg im Hinblick auf Mitglieder anderer Einrichtungen im kommunalen Netz (C)

Fangen wir also mit *klientenbezogenen Erfolgen* an.

Klientenbezogener Erfolg in der Sozialen Arbeit wird häufig verstanden als Normalisierung von Verhaltensweisen, die als sozial unangemessen, störend oder sozial schädlich eingeschätzt werden. Inwieweit bemessen Sie selbst Ihren beruflichen Erfolg an diesem *Kriterium „Normalisierung von Problemverhalten"*?

(Zeit lassen, nachfragen.)

Eine andere Möglichkeit, Erfolg zu buchstabieren, kann in der Stabilisierung und Verbesserung der Lebensverhältnisse gesehen werden. Eine solche Verbesserung könnte zum Beispiel in positiven Veränderungen der Lebensbereiche Arbeit, Wohnen, Finanzen bestehen. Inwieweit spielen derartige *materielle Verbesserungen* für Ihren beruflichen Erfolg eine Rolle?

(Zeit lassen, nachfragen.)

Lebensverhältnisse können sich auch dadurch verbessern, dass soziale Bindungen bestärkt und tragfähiger werden. Dies kann sich auf die Familie, auf den Freundeskreis oder auf Selbsthilfegruppen beziehen. Inwieweit spielen derartige *Beziehungsverbesserungen bei den Klienten* für Ihren beruflichen Erfolg eine Rolle?

(Zeit lassen, nachfragen.)

Lebensverhältnisse können auch durch biographische Veränderungen eintreten, z.B. das Entdecken eines neuen Lebenssinns oder die Planung einer längerfristigen Lebensperspektive. Inwieweit spielen derartige Verbesserungen der *biographischen Perspektive der Klienten* für Ihren beruflichen Erfolg eine Rolle?

(Zeit lassen, nachfragen.)

Erfolg kann auch heißen: Bestärkung von Persönlichkeit, zum Beispiel Stärkung des Selbstwertgefühls, des Selbstvertrauens, Zugewinn von Selbständigkeit. Inwieweit spielen derartige *Persönlichkeitsentwicklungen* für Ihre Erfolgseinschätzung eine Rolle?

(Zeit lassen, nachfragen.)

Soziale Arbeit ist Beziehungsarbeit. Es entspricht sicher Ihrer Erfahrung, dass sich die Arbeitsbeziehungen zwischen Ihnen und Ihren Klienten im Verlauf der Zusammenarbeit verändern. Wir denken z.B. an den Aufbau eines Vertrauensverhältnisses oder auch das Erarbeiten von wechselseitiger Verlässlichkeit.

Inwieweit spielen derartige Qualitätsmerkmale, die sich *auf den Prozess der Zusammenarbeit mit Ihren Klienten* beziehen, für Ihre eigene Erfolgsbilanz eine Rolle?

(Zeit lassen, nachfragen.)

Gute Soziale Arbeit ist abhängig von förderlichen institutionellen Rahmenbedingungen. Dazu gehören z.B. geeignete Räumlichkeiten, klientenverträgliche Öffnungszeiten, Transparenz des Angebots. Ich möchte gern von Ihnen wissen, inwieweit Sie an der Stimmigkeit derartiger Rahmenbedingungen Ihren beruflichen Erfolg oder Misserfolg festmachen.

(Zeit lassen, nachfragen. Auch solche Rahmenbedingungen ansprechen, die erfolgreiches Arbeiten eher behindern.)

Bisher haben wir beruflichen Erfolg im Hinblick auf die Klienten zum Thema gemacht. Im folgenden wollen wir den Blick auf *Mitarbeiterinnen und Mitarbeiter Ihrer Einrichtung* richten.

Wir werden dabei drei MitarbeiterInnengruppen unterscheiden:

Vorgesetzte

Angehörige anderer Berufsgruppen, z.B. Verwaltungsmitarbeiter

Mitglieder der eigenen Berufsgruppe und verwandter pädagogischer Berufsgruppen

Zunächst also die Vorgesetzten. Mich interessiert, inwieweit der Erfolg Ihrer beruflichen Tätigkeit von Ihren *Vorgesetzten* abhängig ist. Es könnte für Sie zum Beispiel wichtig sein, dass Ihre Arbeit von den Vorgesetzten anerkannt wird, oder dass Ihre fachliche Problemeinschätzung bei Vorgesetzten Gehör findet, oder dass es Ihnen gelingt, bestimmte Anliegen zugunsten Ihrer Arbeit bei Ihren Vorgesetzten durchzusetzen. Inwieweit spielen derartige Aspekte bei der Wahrnehmung Ihrer beruflichen Erfolge eine Rolle?

(Zeit lassen, nachfragen.)

Häufig gilt die Zusammenarbeit mit Mitarbeiter der Verwaltung oder anderen berufsfremden Mitarbeiter als schwierig. Inwieweit spielt die Gestaltung der Beziehungen zu diesen *Mitarbeiter der Verwaltung und zu anderen berufsfremden Mitarbeiter* für die Einschätzung Ihrer beruflichen Erfolge eine Rolle?

(Zeit lassen, nachfragen.)

Last but not least bleiben noch die *Kolleginnen und Kollegen der Sozialen Arbeit und verwandter pädagogischer Berufe* in Ihrem Haus. Vielfach ist das Erleben von Erfolg davon abhängig, dass der einzelne Mitarbeiter sich positiv in ein Arbeitsteam integriert fühlt. Bitte nehmen Sie jetzt zu den folgenden Aspekten produktiver Teamarbeit jeweils Stellung:

Gemeinsame turnusmäßige Fallbesprechung im Team.
(Zeit lassen, nachfragen.)

Gemeinsamkeit bzw. Ergänzungsverhältnis der angewandten Methoden.
(Zeit lassen, nachfragen.)

Offener Austausch über eigene Schwierigkeiten und schwierige Klienten.
(Zeit lassen, nachfragen.)

Produktive Formen des Austragens von Konflikten im Team.
(Zeit lassen, nachfragen.)

Gemeinsame kontinuierliche Arbeit an der Teamphilosophie (Zielsetzungen der Arbeit, Menschenbild, Konzeption.)
(Zeit lassen, nachfragen.)

Fachliche Anerkennung der Arbeit durch die eigenen Kolleginnen und Kollegen.
(Zeit lassen, nachfragen.)

Angebot einer Teamsupervision.
(Zeit lassen, nachfragen.)

Wichtige Kooperationspartner in der Sozialen Arbeit sind die *verschiedenen Ansprechpartner außerhalb der eigenen Einrichtungen*, also Mitarbeiter in den verschiedensten Einrichtungen, Dienststellen, Ämtern, häufig auch in Firmen, Geschäften, Pressestellen, aber auch Einzelpersonen, mit denen auftragsbedingt zusammengearbeitet werden muss. Beginnen wir mit den in aller Regel *höherrangigen Angehörigen von Professionen wie Rechtsanwälte, Richter und Staatsanwälte, Ärzte, Psychologen, Lehrer, höhere Verwaltungsbeamte und Angestellte*. Inwieweit machen Sie Ihren beruflichen Erfolg auch daran fest, dass es Ihnen gelingt, zu diesem Personenkreis gute und tragfähige Beziehungen aufzubauen?
(Zeit lassen, nachfragen.)

Sozialarbeiter haben auch vielfältige *Kontakte zu gleichrangig angesiedelten Berufskollegen und Angehörigen verwandter Berufe außerhalb der eigenen Einrichtung.* Inwieweit rechnen Sie sich den Aufbau und die Pflege guter Kontakte zu diesem Personenkreis als beruflichen Erfolg an?

(Zeit lassen, nachfragen.)

Schließlich kann man noch die vielen Personen betrachten, die zwar *als statusniedriger und schlechter bezahlt* angesehen werden können, aber für die praktische Alltagsarbeit unverzichtbare Unterstützung bieten können. Hierzu gehören z.B. die vielen Verwaltungskräfte, Hausmeister, Sekretärinnen, Angehörige des hauswirtschaftlichen Personals usw., die außerhalb der eigenen Einrichtung tätig sind. Inwieweit fließt der erfolgreiche Beziehungsaufbau und die Pflege dieser Beziehungen in Ihre Erfolgsbilanz ein?

(Zeit lassen, nachfragen.)

In der socialnet GmbH widmet sich ein interdisziplinäres Team der Nutzung des Internets für Soziale Arbeit und Nonprofit-Management.

Das zentrale Portal www.socialnet.de besteht seit 1998.

Es bietet Ihnen

das Branchenbuch mit rund 10.000 Einrichtungen, Behörden und Anbietern spezifischer Dienstleistungen

die Rezensionen zu jährlich rund 250 wichtigen Veröffentlichungen aus allen Bereichen der Sozialen Arbeit und des Sozialmanagements

die Materialien mit Beiträgen aus renomierten Fachzeitschriften oder exklusiven Beiträgen

den Newsletter mit monatlich kostenlosen Tipps, Terminen und Neuigkeiten bei socialnet.

Für Spezialisten gibt es Fachportale von socialnet, z.B.

www.werkstaetten-im-netz.de für die Vergabe von Aufträgen an Werkstätten für behinderte Menschen

www.social-software.de mit einer laufend aktualisierten Marktübersicht für Software im Sozialbereich

www.vereinsrecht.de mit Fachinformationen zu Vereinsrecht, GmbH, Stiftung und Steuerbegünstigung (2003 im Aufbau)

www.amarus.de für den Pflegesektor mit Einrichtungsdatenbank und Angeboten zum Belegungsmanagement (2003 in Planung).

Nutzen Sie die Internetkompetenz von socialnet

Erstellung, Relaunch und Pflege von Internetpräsenzen

Konzept und Umsetzung von Verbandsintranets

Individualprogrammierung

Nutzen Sie den Content Provider socialnet

Veröffentlichungen im Netz

Veröffentlichungen im Verlag

Lieferung von Content aus dem Spektrum der oben beschriebenen Portale

Weidengarten 25
53129 Bonn

www.socialnet.de
info@socialnet.de